Guía para el docente y solucionarios

Recepción en alojamientos

ic editorial

Editado por: IC Editorial
c/ Cueva de Viera, 2, Local 3
Centro Negocios CADI
29200 Antequera (Málaga)
Teléfono: 952 70 60 04
Fax: 952 84 55 03
Correo electrónico: iceditorial@iceditorial.com
Internet: www.iceditorial.com

**Guía para el docente y solucionarios:
Recepción en alojamientos**

1ª Edición

© IC Editorial 2026

ISBN: 979-13-7027-117-6
Depósito Legal: MA 44-2026

Impresión: PODiPrint
Impreso en Andalucía - España

Índice

Bloque 1
Guía para el docente: técnicas de enseñanza y aprendizaje

Bloque 2
Solucionarios de ejercicios de repaso y autoevaluación

Bloque 1
Guía para el docente: técnicas de enseñanza y aprendizaje

Contenido

1. Introducción

El presente capítulo está destinado a ofrecer al cuerpo docente responsable de la enseñanza del programa de cualificaciones profesionales y certificados de profesionalidad, una guía metodológica para obtener el máximo rendimiento de los contenidos formativos que han sido desarrollados para el presente título.

La mejora de las habilidades comunicativas y la aplicación de una metodología contrastada de enseñanza, aprendizaje y evaluación permitirá transmitir el conocimiento y adquirir el programa formativo de la forma más efectiva y práctica posible.

Estudiaremos cuáles son los principales elementos que forman parte de la comunicación profesor-alumno, a través de una cuidada selección de sistemas de planificación de estrategias didácticas, así como la utilización de medios y recursos didácticos.

La integración de todas las actividades planificadas alrededor de un plan de formación adaptado e individualizado, aumentará además la satisfacción del alumnado por la utilización de un sistema no lineal e interactivo que se retroalimenta gracias a la relación establecida entre la propia metodología y los actores que forman parte de la enseñanza.

2. El programa de formación

Una de las claves del éxito de la mayoría de las actividades que se realizan en general, y concretamente en la formación, es la **programación.** Es necesaria la programación de las acciones formativas, para que así se pueda alcanzar el objetivo final, es decir, que el alumno obtenga una buena capacitación y adquiera nuevos conocimientos en su repertorio y que, después, sea capaz de emplearlos en su trabajo.

2.1. Definición de programación

Cuando se habla de **programación,** se pueden encontrar multitud de definiciones. Para sintetizar, se podría definir como la actividad de enunciar lo que se quiere hacer (objetivos, contenidos, métodos, temporalización, medios y recursos didácticos y evaluación).

 Definición

Programación
Es un plan donde se establecen las acciones que se van a realizar en un proceso de enseñanza-aprendizaje, por medio de un formador o un equipo.

A continuación, se va a describir una serie de características que tiene que tener una programación didáctica:

- Dinámica. Una programación no es estática ni está acabada, siempre está en constante revisión, de ahí su dinamismo. Además va cambiando o evolucionando según los resultados de la evaluación continua que se va realizando durante la ejecución de la acción.
- Flexible. Esta característica permite que se puedan hacer cambios, ampliaciones, reducciones y actualizaciones de los contenidos y actividades programadas, según las necesidades que se observen.
- Creativa. La programación como es un diseño propio y exclusivo, exige creatividad y originalidad. El docente es el que decide sobre el quehacer en el aula teniendo en cuenta las características del grupo, las necesidades que se pretenden satisfacer y las propias posibilidades.
- Prospectiva. La programación consiste en hacer un pronóstico de la interacción que se va a producir en el aula.

- Sistemática. La programación es un proceso sistematizador que da coherencia a la acción formativa, ya que tiene en cuenta todos los elementos (objetivos, contenidos, métodos, temporalización, medios y recursos pedagógicos y evaluación) que intervienen en el acto educativo y analiza sus relaciones.
- Integradora. Permite integrar elementos de cualificación técnico-profesionales con elementos de cualificación personal de alumnado.
- Funcional. Toda programación debe basarse en el perfil profesional de la ocupación y estructurar los contenidos formativos que proporcionan las competencias de ésta.

2.2. Elementos de la programación

Antes de empezar cualquier programación formativa, es necesario tener en cuenta los datos obtenidos del análisis de la ocupación y del grupo al que se dirige la acción formativa. A partir de esta información, se determinan los elementos que van a conformar la programación.

Cuando se realiza la programación de un curso, hay que plantearse previamente las siguientes preguntas:

1. ¿Qué quiero conseguir con la formación?	OBJETIVOS
2. ¿Qué conocimientos deben asimilar los alumnos para alcanzar los objetivos propuestos?	CONTENIDOS DEL CURSO
3. ¿Cómo trabajamos en el aula? ¿Qué actividades son las que realizamos?	MÉTODOS DE ENSEÑANZA
4. ¿Cuánto tiempo tengo y cuánto dedico a cada módulo?	TEMPORALIZACIÓN
5. ¿Qué medios y recursos didácticos se necesitan para poder llevar a cabo esas actividades?	MEDIOS Y RECURSOS DIDÁCTICOS
6. ¿Cómo sabemos que se ha producido el aprendizaje?	EVALUACIÓN

3. Factores determinantes de la efectividad de la comunicación en el proceso de enseñanza-aprendizaje

En toda comunicación que se produzca en el proceso de enseñanza-aprendizaje, existen factores determinantes que obstaculizan o refuerzan este proceso.

3.1. Obstáculos de la comunicación

Relacionados con el emisor

- No expresar de forma clara qué mensaje se quiere transmitir.
- Comentar algo a lo largo de la explicación que no sea lo correcto y pueda resultar desagradable.
- Cambiar el tema de conversación.
- Desviarse del tema que se está tratando.
- No mirar al receptor cuando se quiere expresar algo.
- No estar atento a las señales que emite el receptor.
- Expresar alguna idea a través de los gestos que no se corresponda con la idea a comunicar.

Relacionados con el receptor

- No comprender las ideas que quiere expresar el emisor.
- No pedir explicación al emisor de aquella información que no le haya quedado clara.
- Interrumpir al emisor cuando está hablando.
- Captar algo diferente a lo que el emisor desea transmitir.

Relacionados con el mensaje

- Mensaje confuso.
- Mensaje muy corto.
- Mensaje muy extenso.
- Abuso de muletillas.
- Utilización de frases sin terminar.
- Dar "rodeos" para decir la idea principal.

Relacionados con el contexto

- No ser el momento adecuado para transmitir algo.
- No saber escoger el lugar oportuno.
- La presencia de ruidos y de interferencias.
- No pensar en las personas que están cerca.

Relacionados con el código

- No utilizar el mismo código que la persona con la que se habla o a la que se escucha.
- No adaptar el vocabulario a la situación o a la persona con la que se conversa.
- Utilizar el doble sentido.

3.2. Sugerencias para el mejor funcionamiento de la comunicación

Emisor

- Acostumbrarse a planificar la comunicación.
- Concretar visiblemente los objetivos.
- Buscar la retroalimentación en la comunicación.
- No tratar de impresionar al receptor.

Mensaje

- Que sea claramente entendido por el receptor.
- Que la terminología usada sea de referencia común.
- Que reclame la atención y el interés del alumnado.
- Que sea sencillo de interpretar.
- Que su contenido sea adecuado y convincente.
- Que produzca el máximo efecto posible.

Canal

- Que sea el más apropiado al grupo al que se dirige, al contenido del mensaje y al objetivo que persigue el formador.
- Que sea el que cause mayor impacto en el receptor.
- Que sea el más eficaz.
- Que sea el que mejor domine el formador.

4. La comunicación verbal y no verbal en el proceso instructivo

Los medios de comunicación pueden agruparse en dos grandes bloques: los **medios verbales,** que son aquellos que usan la lengua como código compartido; y los **medios no verbales,** que son los que se fundamentan en otros códigos simbólicos. A su vez, dentro de los medios verbales, están el medio escrito y el medio oral.

Cada uno de estos medios tiene sus ventajas y sus inconvenientes, por lo que la selección del medio deberá tener en cuenta las circunstancias y características que en cada caso presenta el comunicador, la audiencia y el mensaje que se ha de transmitir.

4.1. Los medios verbales

La comunicación verbal

La comunicación verbal se utiliza para comunicar ideas o dar información, opiniones, expresar o describir sentimientos, etc. Sirve de vehículo a los contenidos explícitos del mensaje. Para garantizar la efectividad de la comunicación, es necesario que el mensaje se presente de forma descriptiva y operativa, pero siempre teniendo muy en cuenta el código común del grupo al que va dirigida esta comunicación.

Un uso correcto del lenguaje oral ayuda a acercarse más a los alumnos. Los principales aspectos a considerar son los que aparecen a continuación.

Construcciones gramaticales

El objetivo será transmitir el mensaje de la manera más clara posible. Se deben evitar los giros rebuscados, la sintaxis complicada y las metáforas. En las explicaciones y conversaciones debe primar el contenido sobre la forma.

Vocabulario

Es importante saber qué palabras van a expresar mejor los conceptos que se desean transmitir y las que pueden ser comprendidas mejor por los alumnos. El análisis previo de los alumnos ayuda a saber qué términos técnicos se pueden utilizar sin problemas, cuáles se tienen que explicar y cuáles se deben evitar.

En general, siempre hay que mantenerse dentro de un lenguaje formal, evitando los vocablos demasiado coloquiales, las palabras extranjeras, las referencias académicas y expresiones de carácter religioso, político, deportivo o cultural, que pueden resultar agresivas para los alumnos.

Ejemplos

Los conceptos abstractos que pueden aparecer y que dificultan la adquisición de los contenidos, tienen que ser expresados mediante las explicaciones del formador, siempre apoyándose en la visualización.

La comunicación escrita

La comunicación escrita posee un carácter más veraz que la oral. La interacción que tiene lugar entre el emisor y el receptor no es inmediata, en algunas ocasiones no llega a producirse jamás. Este tipo de comunicación ofrece más oportunidades expresivas y mayor complejidad gramatical, sintáctica y léxica. También hay que tener en cuenta que a veces dificulta la expresión y/o puede no proporcionar *feedback* de manera inmediata.

4.2. Los medios no verbales

Al igual que las palabras, los elementos de la comunicación no verbal son signos que representan una idea (se excluyen todos los signos lingüísticos).

A diferencia de la comunicación verbal, su función no se centra sólo en la transmisión de contenido, sino que traspasa esa frontera para expresar también las emociones del emisor, controlar la interacción y proporcionar *feedback* del efecto que el mensaje produce en el receptor. Todas estas funciones son muy útiles para el formador, tanto en su tarea de transmisor de conocimientos como en la tarea de motivar y dirigir al grupo.

A continuación, se detallan las diferentes categorías en las que se agrupan los elementos de la comunicación no verbal.

Kinesia

Posturas

Una de las primeras cosas que el formador debe transmitir a sus alumnos es confianza y seguridad, lo que puede conseguirse a través de una postura erguida (sin llegar a ser arrogante), de pie, apoyándose sobre los dos pies y manteniendo la cabeza alta.

Esta postura es útil, especialmente durante la presentación del curso, porque ayuda a relajar el cuerpo, a facilitar la respiración y a controlar las muestras de nerviosismo, al tener un buen apoyo en el suelo.

A medida que avanza el curso, se pueden adoptar otras posturas que faciliten el descanso (apoyarse), el acercamiento (echar el cuerpo hacia delante) o que resten protagonismo (sentarse).

Gestos

Los gestos son un buen aliado del formador, excepto cuando éste se siente incómodo o nervioso. Gestos de carácter adaptador, como rascarse o colocarse la ropa, pueden delatar su estado emocional.

La mayoría de los gestos cumplen la función de reforzar el mensaje verbal (ilustradores), aunque existen otros cuya función es regular las intervenciones cuando se dirige una discusión de grupo.

Expresiones faciales

Las expresiones de la cara transmiten las emociones y permiten obtener fácilmente una respuesta del alumno.

Una expresión facial agradable, como una sonrisa no forzada, facilita la creación de un ambiente relajado en el aula. Una sonrisa puede ser muy útil también para romper la tensión que inevitablemente surge en algunas sesiones.

Mirada

La mirada, junto con la postura, es uno de los mejores métodos para transmitir confianza (en momentos de nerviosismo se tiende a apartar la vista) y para captar la atención de los alumnos.

Mientras el formador habla debe mantener la mirada sobre los alumnos la mayor parte del tiempo, mirándolos el tiempo suficiente como para que se sientan atendidos pero no incómodos. También se puede utilizar la mirada durante las discusiones de grupo, con una función reguladora de las distintas intervenciones.

Desplazamientos

Realizar desplazamientos en el aula capta la atención del alumnado, además de facilitar el contacto visual. Hay que procurar que no sean repetitivos o bruscos (pasear cerca de los alumnos), y cambiar de un recurso a otro (ir de la pizarra al retroproyector), etc.

Recuerde

Los recursos no verbales que estudia la Kinesia son:

I Posturas.
I Gestos.
I Expresiones faciales.
I Mirada.
I Desplazamientos.

Estos recursos pueden utilizarse tanto para reforzar lo que se expresa mediante la comunicación verbal como para sustituirlo.

Proxémica

El aspecto de la proxémica que más interesa es la proximidad física entre los individuos, ya que los alumnos pueden sentirse violentos si el formador se aproxima excesivamente a ellos o, por el contrario, verle distante si no se acerca.

Se debe prestar atención a este aspecto, tanto durante las intervenciones como al distribuir el espacio del aula que se va a emplear, evitando siempre que los asientos estén demasiado juntos o demasiado separados.

Paralingüística

Para captar la atención del público, los oradores suelen hacer uso de determinados aspectos como el tono de voz o las pausas, que en algunos casos pueden parecer exagerados.

El formador, aunque emplee el método de la lección magistral, no es un orador y, por tanto, no debe prestar especial atención a estos aspectos, excepto cuando le plantean algún problema, debido a la ansiedad, al cansancio o a un mal estado de salud. Practicar en voz alta y realizar grabaciones durante la fase de preparación puede ayudar a vencer estas dificultades.

Volumen

Aunque el aula sea pequeña, se tiene que realizar el esfuerzo de hablar lo suficientemente alto para que todos los alumnos oigan las explicaciones y, a la vez, transmitir confianza. En general, el volumen se ajustará instintivamente cuando se compruebe dónde se sitúa la persona que se encuentra más alejada.

Entonación

El problema más frecuente, especialmente si se está cansado, es la monotonía, que no contribuye a captar la atención ni a motivar a los alumnos.

El interés que el formador muestre por el tema y una correcta preparación le hará destacar los puntos clave y jugar con la entonación de una forma adecuada a lo largo de toda la exposición.

Pronunciación

Los problemas se presentan especialmente cuando se está nervioso o se habla demasiado rápido. Se debe hacer un esfuerzo por articular todas las palabras de manera limpia y clara, abriendo la boca lo suficiente para pronunciar correctamente las sílabas, consonantes y vocales.

Velocidad

Una velocidad correcta puede ayudar a resolver problemas de pronunciación y de entonación. Se debe hablar a una velocidad normal o algo superior, para facilitar el mantenimiento de la atención. No obstante, si se está nervioso, se puede hablar con mayor lentitud para facilitar la respiración y relajarse. También se debe reducir la velocidad cuando se expliquen conceptos técnicos complejos o cuando se espere alguna respuesta por parte de los alumnos.

Recuerde

Los elementos que trata la Paralingüística son:

I El volumen.
I La entonación.
I La pronunciación.
I La velocidad.

Proyección física

Existen determinados factores que, sin que la persona diga ni haga nada, transmiten información y hacen referencia a la imagen física que esta persona proyecta.

Es fundamental que el formador transmita una imagen positiva para los alumnos. Se debe cuidar el aspecto externo y los artefactos que se usen, como los adornos y prendas de vestir. La manera adecuada de vestir depende de la situación y siempre debe estar en consonancia con lo que cada colectivo de alumnos espera del formador.

Ejemplo

Sería negativo vestir pieles para impartir un curso cuyo objetivo fuese desarrollar actitudes positivas hacia la protección del medio ambiente.

En cualquier caso, se debe llevar ropa que resulte cómoda, bien cuidada y no demasiado llamativa. A los adornos y al peinado se aplican las mismas reglas que al vestido.

Importante

Un objetivo fundamental del formador es dirigir la atención de los alumnos hacia el contenido que está desarrollando, nunca hacia su persona.

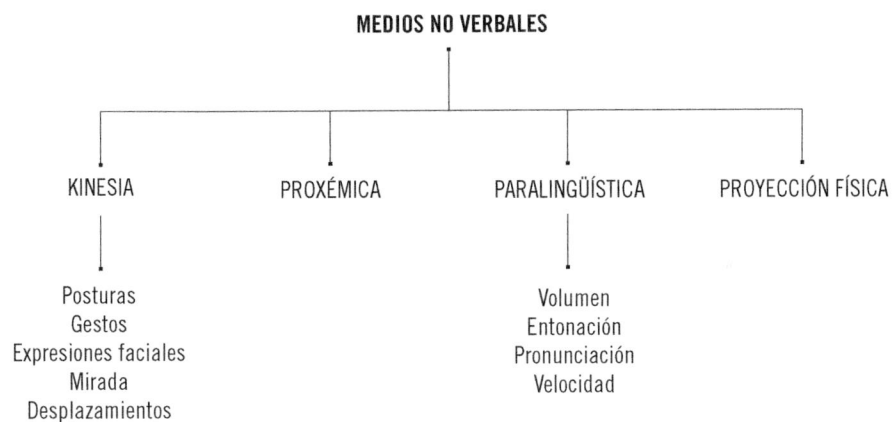

Finalmente, conviene recordar que si el formador observa atentamente la comunicación no verbal que expresan los alumnos, obtendrá una gran cantidad de información.

Hay numerosos signos no verbales que puede mostrar el alumno:

- **Atención:** posturas del cuerpo (inclinado hacia delante, hacia atrás...).
- **Necesidad de hablar:** movimientos sutiles de la boca, de la mano, etc.
- **Irritación:** movimiento de pies, manipulación de objetos sobre la mesa, etc.

- **Concentración:** tomar apuntes, mirar al docente, etc.
- **Cansancio:** cuerpo hundido, suspiros, etc.
- **Inercia:** silencios de todo el grupo, etc.
- **Desinterés:** cerrar el cuaderno, bostezar, mirar al vacío, etc.
- **Sorpresa:** levantar los brazos, abrir la boca, levantar las cejas, abrir los ojos, etc.

Si se observan estos elementos de forma atenta, se podrá obtener información sobre la comprensión del mensaje y el estado emocional de los alumnos, lo que será de gran utilidad para el formador durante el curso.

La comunicación no verbal aporta información al formador sobre los alumnos

5. Técnicas de secuenciación de contenidos

Una vez seleccionados los contenidos, hay que ordenarlos secuencialmente. La **secuenciación y estructuración de los contenidos** es el proceso que permite situarlos en una configuración que produce el máximo aprendizaje en el mínimo tiempo posible.

Algunas de las técnicas para la secuenciación de contenidos son las siguientes:

- Que los contenidos estén de acuerdo con los objetivos propuestos y con los plazos previstos para conseguirlos.

- Empezar por los contenidos más próximos y significativos para el alumno, para llegar poco a poco a lo desconocido. De esta manera, resultará más fácil introducir los nuevos contenidos.
- Ir de lo inmediato a lo remoto.
- Ir de lo concreto a lo abstracto.
- Ir de lo más fácil a lo más difícil. Esto motiva al alumnado porque le va mostrando los avances de manera rápida.

Las principales ventajas que este proceso conlleva son:

- Ayuda al participante a pasar de un conocimiento o habilidad a otro.
- Garantiza que los conocimientos y habilidades previas son alcanzados antes de introducir elementos nuevos.
- Reduce el tiempo de formación.
- Evita la confusión y los fallos en el participante.

Estos puntos son los principales aspectos a tener en cuenta cuando se realiza la presente fase de la programación de la formación, es decir, cuando se fijan los contenidos de la formación.

6. La selección y planificación de estrategias didácticas

Las personas que realizan un curso de formación son diversas, por ello es muy importante que las estrategias didácticas se adapten, de la mejor forma posible, al contexto y permitan una flexibilidad.

 Definición

Estrategias didácticas
Son procedimientos que el formador emplea para facilitar el aprendizaje, con la intención de que éste sea significativo.

Tras la selección y estructuración de contenidos, llega el momento de decidir la modalidad de formación a seguir y la metodología a utilizar en su impartición. Pero esta decisión no se puede tomar arbitrariamente, sino que ha de basarse en unos criterios. Los criterios de decisión básicos para determinar qué estrategia y qué método de formación es el adecuado, son:

- La compatibilidad con los objetivos.
- Los principios generales del aprendizaje del adulto: individualización, motivación, utilidad, practicidad, intereses, etc.
- Los principios de rigor, realismo y participación.
- El carácter eminentemente aplicativo de los aprendizajes.
- La posibilidad de transferir los aprendizajes al puesto de trabajo.
- Los recursos disponibles, incluido el tiempo.
- Los factores relacionados con los participantes, como el estilo de aprendizaje, la edad, el tamaño del grupo, la motivación, etc.

Una vez escogido el método, se observa que ninguno es químicamente puro, sino que unos participan de otros. Por lo demás, todo método puede ser adecuado o inadecuado dependiendo del modo en que sea empleado.

Los formadores deben utilizar los métodos flexiblemente, de la forma que mejor se adapten al estilo de formación, a la materia y a los alumnos, complementando cada método con la técnica y recurso didáctico más acorde.

7. La selección y planificación de medios y recursos didácticos

Para realizar cualquier acción formativa, hace falta algo más que elegir y aplicar unos métodos y unas técnicas. Son necesarios los medios y recursos didácticos, que van a ayudar a desarrollar la metodología seleccionada en el aula. Los medios y recursos didácticos permiten el trasvase de información formador-alumno.

Definición

Medios didácticos
Son materiales elaborados para facilitar los procesos de enseñanza-aprendizaje.

Recursos didácticos
Son soportes mediante los cuales se presentan los contenidos del curso a los alumnos.

A la hora de escoger el medio o recurso a utilizar, se deben tener en cuenta los siguientes criterios:

- **Características de la materia o tema.** Dependiendo de la naturaleza de los contenidos, éstos pueden ser transmitidos por unos u otros métodos.
- **Los objetivos del curso.** Toda selección de medios y estrategias de enseñanza deben realizarse en función de éstos.
- **La disposición del aula y el número de alumnos.** Hay que tener cuidado, sobre todo en la visibilidad de alguno de los recursos, porque pueden perder eficacia.
- **Tiempo disponible para la formación.** Este elemento tiene que estar siempre presente, porque, en función del tiempo que se tenga, se elegirá lo que se adapte mejor a las necesidades.
- **Recursos disponibles,** ya que en algunas ocasiones están a nuestro alcance.
- **El uso que se haga de ellos,** cuál es la finalidad, qué es lo que se pretende y en qué momento se van a utilizar.
- **El nivel de conocimiento de los alumnos** sobre el tema.

Todos estos puntos se han de tener en cuenta a la hora de escoger un medio o recurso didáctico. La finalidad de éstos no es otra que la de fundamentar, apoyar y reforzar el acto formativo.

8. La planificación de la evaluación del proceso de enseñanza-aprendizaje

La aplicación de programas de formación lleva a la obtención de unos determinados resultados. Éstos serán los frutos de la formación y mostrarán el grado de eficacia y eficiencia con que se lleva a cabo la función formativa.

Los resultados indican el éxito de la formación mediante su contraste con los objetivos fijados anteriormente. Este procedimiento recibe el nombre de **evaluación,** proceso ampliamente conocido y con trascendencia reconocida para la formación. Según el proceso de evaluación aplicado, los resultados obtenidos serán reales y fiables, o bien, falseados.

Para que los resultados de la evaluación muestren con certeza el grado de éxito alcanzado con la formación, es necesario un requisito previo: el establecimiento de criterios de evaluación durante el proceso de planificación de la formación. Los criterios actúan como puntos de referencia, a partir de los cuales se valoran los resultados obtenidos.

Los criterios de evaluación han de fijarse con mucha atención, ya que determinan el proceso de evaluación, y éste juzga el grado de éxito de la función formativa.

El primer aspecto a tener en cuenta es la validez: los criterios de evaluación han de ser válidos en relación a los elementos del proceso formativo.

Los aspectos que determinan el grado de validez de los criterios de evaluación son:

- La relevancia.
- La no deficiencia.
- La no contaminación.
- Su fiabilidad.

El establecimiento de criterios válidos y fiables permitirá elaborar un proceso de evaluación de la formación que mida rigurosamente la eficacia y la eficiencia de la función formativa.

9. El seguimiento formativo

El seguimiento es un proceso continuo que sirve para evaluar la eficacia del uso de los recursos y para saber qué iniciativas se pueden emprender para mejorar el aprovechamiento de los recursos formativos.

El seguimiento, además de realizarse después de haber finalizado la planificación formativa, también se realiza antes de la acción.

9.1. Características

El seguimiento formativo permite evaluar los distintos componentes (desde los alumnos hasta todos los elementos que forman la programación) que intervienen en él durante todo el proceso de formación.

El seguimiento formativo se diferencia de la evaluación en que éste tiene que ver más con tareas organizativas, de coordinación, administrativas, etc.; sin embargo, la evaluación valora aspectos de los procesos de formación, como pueden ser la comunicación, el aprendizaje de los nuevos conocimientos, etc.

Con la realización adecuada de un seguimiento formativo:

- Se pueden **descubrir errores o desajustes** en el proceso de enseñanza-aprendizaje antes de que se realice la evaluación final para comprobarlos.
- Se pueden **corregir los errores** en el momento en el que se están produciendo.
- Además, **se detectan los aspectos positivos** que tienen lugar a lo largo de todo el proceso y las **posibles mejoras** que se pueden realizar.

El seguimiento formativo tiene que ser realizado por todas las personas que están implicadas en la realización de los cursos de formación (tutores, coordinadores, técnicos, etc.), por ello, el formador es una figura importante en el proceso de formación, ya que se encuentra implicado en él.

El proceso de formación debe estar planificado, pensado y planteado antes de que empiece la acción de formación, nunca debe llevarse a cabo de manera cerrada, sino que tiene que estar abierto a cualquier cambio que se considere necesario.

9.2. Finalidad

Son varias las finalidades que persigue el seguimiento formativo:

- Ayudar a comprender por qué ocurren algunas cosas y qué se puede hacer para intervenir en ese proceso que se está llevando a cabo.
- Identificar y solucionar los problemas que surgen a lo largo del proceso.
- Contribuir para elaborar planes de formación de manera objetiva, sin desviarse de la finalidad éste.
- Colaborar en la disminución y control del uso de los recursos materiales.
- Determinar el nivel que puede alcanzar el rendimiento y relacionarlo con el rendimiento actual.
- Diagnosticar y detectar problemas para llevar a cabo las acciones correctivas pertinentes.

9.3. Planificación

El seguimiento formativo debe planificarse antes y durante la acción formativa.

El objetivo de este seguimiento es comprobar la eficacia de la acción formativa antes de que ésta llegue a su fin, es decir, es necesario que durante este proceso todos los elementos que van a formar parte del aprendizaje estén planificados.

Los dos momentos que hay que tener en cuenta para planificar el seguimiento formativo son:

- **Antes de la acción formativa:** es necesario conocer las necesidades, el perfil del alumno, qué materiales, instrumentos, recursos, medios didácticos se van a usar.

- **Durante la acción formativa:** aquí el seguimiento se utiliza para comprobar los posibles errores y mejoras que se pueden llevar a cabo. Ofrece la posibilidad de poder modificar aquellas acciones o medios que dificultan el avance del aprendizaje.

10. Instrumentos para el seguimiento

A lo largo de un ciclo formativo pueden suceder errores y surgir problemas, esto abarca desde la identificación de necesidades hasta la planificación, el diseño, la implantación y la evaluación. Por todo esto, es importante saber cuál es la causa del problema y saber tomar las medidas oportunas para que no se origine nuevamente.

Para detectar el origen del problema, siempre se necesita una información determinada, ésta sólo se puede obtener mediante técnicas que ayuden a obtenerlas, es decir, que permitan recabar y analizar los datos obtenidos.

Para el seguimiento del proceso de enseñanza-aprendizaje, se pueden confeccionar diferentes tipos de instrumentos de evaluación, como pueden ser los cuestionarios y utilizar la observación directa, etc., si el tipo de formación lo permite (presencial o semipresencial). Estos instrumentos variarán según el tipo de datos que se quiera conseguir.

Un ejemplo de plantilla para recoger y analizar la información podría ser esta:

CURSO:		1º Módulo	2º Módulo	3ºMódulo
	Suficiente			
Objetivos del módulo	Insuficiente			
	Adecuado			
	Inadecuado			

Continúa en página siguiente >>

<< Viene de página anterior

CURSO:		1º Módulo	2º Módulo	3ºMódulo
Contenidos del módulo	Suficiente			
	Insuficiente			
	Adecuado			
	Inadecuado			
Metodología	Suficiente			
	Insuficiente			
	Adecuado			
	Inadecuado			
Actividades y recursos	Suficiente			
	Insuficiente			
	Adecuado			
	Inadecuado			
Recursos materiales	Suficiente			
	Insuficiente			
	Adecuado			
	Inadecuado			
Recursos humanos	Suficiente			
	Insuficiente			
	Adecuado			
	Inadecuado			
Proceso de evaluación	Suficiente			
	Insuficiente			
	Adecuado			
	Inadecuado			
Nivel de satisfacción del alumnado	Suficiente			
	Insuficiente			
	Adecuado			
	Inadecuado			

Para el seguimiento del aprendizaje, como la información que se obtiene es de diferente índole, se recogerá mediante la aplicación de las técnicas seleccionadas y elaboradas para la evaluación de cada uno de los aspectos planteados (observación directa de los trabajos, participación, cuestionarios acerca de la motivación y satisfacción del alumnado, etc.).

Por ejemplo, los contenidos que se podrían incluir en la "parrilla" de análisis son los siguientes:

CURSO		1er Módulo	2º Módulo	3er Módulo
Conceptos (comprende los contenidos conceptuales)	Con facilidad			
	Con normalidad			
	Con dificultad			
Procedimientos (aplica y desarrolla los contenidos procedimentales)	Con facilidad			
	Con normalidad			
	Con dificultad			
Actitudes (manifiesta las actitudes adecuadas a los contenidos)	Con facilidad			
	Con normalidad			
	Con dificultad			
Motivación y participación	Con facilidad			
	Con normalidad			
	Con dificultad			
Satisfacción del alumno	Con facilidad			
	Con normalidad			
	Con dificultad			

Dos de las herramientas básicas son:

- **Los diagramas de flujo:** éstos sirven para desglosar en forma de componentes, para presentar una clara imagen de lo que ocurre.
- **Los checklists:** éstos son especialmente útiles para garantizar que se han realizado todas las acciones necesarias. Es otro método de ayuda orientado a los formadores y participantes para preparar, utilizar y solucionar los problemas del equipamiento.

Otros métodos de seguimiento y control que pueden ayudar en la formación son:

- Las reuniones formales e informales.
- Pasar un informe de las sesiones, cuestionarios de satisfacción o formularios de evaluación del curso.
- Entrevistas de evaluación.

 Recuerde

Algunos de los instrumentos de seguimiento más utilizados son:

I Cuestionario de satisfacción
I Cuestionario de motivación
I Observación directa
I Reuniones formales e informales
I Entrevistas de evaluación

11. Metodología de la evaluación del diseño de formación

Los métodos empleados en la evaluación siempre suelen son los mismos, independientemente de que se evalúen los objetivos, los contenidos, los recursos, etc. A pesar de esto, hay que tener en cuenta que no se deben utilizar todos los métodos que se van a nombrar, sino que todo dependerá de lo que se esté evaluando.

Los métodos más frecuentes son:

- Observación sistemática.
- Observación mediante observadores externos o internos del grupo.
- Análisis de trabajo.
- Entrevistas personales.
- Situaciones de simulaciones.

- Diálogos, debates.
- Cuestionarios específicos.
- Inventarios.
- Grabaciones en vídeo.
- Etc.

11.1. Evaluación de los objetivos

Cuando se diseña el programa formativo, se deben concretar los objetivos que serán objeto de evaluación al finalizar el curso, para comprobar si éstos se han alcanzado o no.

Los objetivos marcan aquellos aspectos claves que debe adquirir el alumno para alcanzar unas competencias determinadas. Éstos determinarán lo que el alumno será capaz de saber y saber hacer al acabar el curso, en unas condiciones dadas y con unos medios determinados.

Si, al finalizar el curso, se observa que los objetivos no se han cumplido en su totalidad, hay que analizar cuál ha sido la causa de este error y corregirlos. Si se han cumplido los objetivos, habrá que determinar los motivos de éxito, para volver a ponerlos en práctica en futuros cursos.

Los objetivos marcados al inicio de la formación sirven para:

- Dirigir la formación, es decir, saber hacia dónde se quiere llegar con ésta.
- Comprobar qué se ha logrado.
- Facilitar la evaluación, ya que se sabe cuáles son los objetivos que hay que evaluar.
- Reorientar la formación en el mismo momento que se está realizando.
- Elegir los métodos más adecuados para la formación.

La evaluación de los objetivos debe medirse atendiendo a:

- **Objetivos generales:** son utilizados para saber cuáles son las competencias generales.
- **Objetivos específicos:** parten de los objetivos generales.

■ **Objetivos operativos:** son derivados de los específicos. Son objetivos más concretos y siempre deben estar relacionados con actividades u operaciones determinadas. Son los más fáciles de medir.

 **Ejemplo**

Objetivos específicos para evaluar un curso de primeros auxilios:

▌ Aprender los conceptos básicos y generales de los primeros auxilios.
▌ Adquirir las habilidades y aplicar los principios de actuación para poder reaccionar adecuadamente en situaciones de urgencia.
▌ Conocer los aspectos jurídicos relacionados.

11.2. Evaluación de los contenidos

La evaluación de los contenidos se realizará para comprobar si los objetivos que se habían marcado al principio de la formación se han logrado, así como para eliminar aquellos contenidos que no aportan nada al curso.

Se debe tener siempre en cuenta que se puede lograr un mismo objetivo de formación utilizando diversos contenidos.

Para evaluar los contenidos, hay que comprobar si se ha seguido una secuencia lógica a la hora de impartirlos. Esta secuencia permite que los contenidos sean adquiridos por los alumnos de una manera más significativa, es decir, facilita el aprendizaje de los mismos.

Para que la evaluación de los contenidos resulte positiva, éstos deben ir expuestos:

■ De acuerdo con los objetivos propuestos y con los plazos previstos para conseguirlos.
■ De lo conocido a lo desconocido.

- De lo inmediato a lo remoto.
- De lo concreto a lo abstracto.
- De lo fácil a lo difícil.

Otro aspecto a tener en cuenta para que la evaluación de los contenidos sea positiva, es que éstos se deben estructurar adecuadamente, por ejemplo, mediante módulos, unidades didácticas, etc. Éstas tienen que abarcar los conocimientos, las habilidades y las actitudes que capacitan al alumno para poner en práctica las funciones que desempeñará en su puesto de trabajo. Por lo general, se pueden constituir equivalencias entre objetivos generales y cursos, objetivos específicos y módulos, unidades didácticas, etc. así como entre objetivos operativos y sesión formativa,.

 Ejemplo

Siguiendo el ejemplo anterior de primeros auxilios, los contenidos que se evaluarán para comprobar si se han logrado o no los objetivos anteriormente propuestos, son:

▌ Primeros auxilios: conceptos generales.
▌ Soporte vital básico (reanimación cardio-pulmonar)-adultos.
▌ Soporte vital básico-niños.
▌ Soporte vital instrumental.
▌ Traumatismos osteoarticulares. Inmovilizaciones (vendajes y férulas improvisadas).
▌ Movilización de urgencia y posiciones de espera.
▌ Traumatismos craneales y vertebro-medulares.
▌ Otras situaciones de emergencia.

11.3. Evaluación de la metodología

La evaluación de la metodología consiste en comprobar que los métodos que se han utilizado son los adecuados para lograr los objetivos formativos, aunque éstos deben ser flexibles a la hora de utilizarlos, ya que deben adaptarse a la materia tratada, a los alumnos, a los recursos disponibles, etc.

Para conseguir que la evaluación de la metodología sea positiva, se deben tener en cuenta las características que se emplean para definir un método. Éstas pueden ser:

- Presentar y mostrar la problemática del tema para que, a través de la reflexión y el esfuerzo, el alumno pueda resolverla.
- Respetar tanto la libertad de expresión como de creación.
- Las actividades que están destinadas al alumno tienen que ser dirigidas por el formador para que el alumno reflexione y participe.
- Motivar al alumno, relacionando los temas con sus intereses, motivaciones y necesidades.
- Organizar los nuevos aprendizajes para que se integren con los ya adquiridos.
- Tener en cuenta las limitaciones y las posibilidades que tiene cada alumno.
- Dar lugar a la acción individualizada a través de tareas que requieran planteamientos y acciones individualizadas.

11.4. Evaluación de actividades y recursos

Las **actividades** son unos elementos que acompañan a los contenidos formativos, ya que éstas refuerzan los contenidos que son expuestos por el formador. Siempre debe existir coordinación entre ambos, para esto se deben seleccionar adecuadamente tanto los métodos como las técnicas.

Para evaluar las diversas actividades que se han desarrollado, hay que formular una serie de preguntas para saber si las actividades han sido eficaces o han fallado en su ejecución. Algunas de estas preguntas pueden ser:

- ¿Qué ha hecho el alumno?
- ¿Ha sabido aplicar los conocimientos necesarios para lograr resolver las actividades?
- ¿Valora y comprende la finalidad de la actividad?
- ¿Ha mostrado interés en la realización de la misma?
- ¿Qué ha aprendido?
- ¿Han sido válidas las actividades?

- ¿Cuáles han fallado? ¿Por qué?
- ¿Se han alcanzado los objetivos?
- Etc.

Junto con las actividades, los recursos también tienen que ser evaluados, ya que de ellos va a depender en cierta manera la eficacia de las actividades. Por eso, en la evaluación de los recursos hay que tener en cuenta la eficacia de aquellos que se han utilizado y cuáles son los que se hubieran necesitado para desarrollar el curso.

Se pueden distinguir varios criterios para evaluar la eficacia de los recursos:

- Su calidad, porque actúa como mediador entre la realidad y la estructura cognitiva del alumno.
- El contexto metodológico, ya que todo va a depender de la metodología usada por el formador.
- Los propios alumnos, sus motivaciones, intereses, etc.
- La experiencia del formador en el manejo de los diversos recursos, sus habilidades, etc.

También es necesario tener en cuenta qué evaluar de los recursos:

- La rentabilidad de éstos.
- El aprovechamiento para distintas finalidades.
- El mantenimiento.
- La actualización, deben adaptarse a las nuevas tecnologías.
- La adecuación al proceso de enseñanza-aprendizaje.
- Posibilitar la acción, estimular y responder a las curiosidades presentes en el alumnado.

11.5. Evaluación del formador

La figura del formador es muy importante a lo largo de todo el proceso formativo, ya que, en cierta manera, el éxito o el fracaso de la formación recae sobre él, por lo tanto, es imprescindible conocer previamente a la persona que va a impartir un curso.

El formador es el mediador entre los contenidos y los alumnos, por lo que debe evaluarse de forma continua y a lo largo de todo el proceso de enseñanza-aprendizaje, así como al final del proceso, momento en que se comprobará si los métodos y estrategias que ha diseñado y utilizado han sido los adecuados, introduciendo posibles modificaciones para las prácticas futuras.

La evaluación del formador se puede realizar desde varias vertientes, en cada una de ellas se evalúan aspectos diferentes, pero todas persiguen el mismo fin, que es fomentar la calidad de la formación.

Evaluación realizada por los alumnos

Los alumnos pueden evaluar aspectos como la relación del formador con los alumnos, la organización de las sesiones, el control de clase, la efectividad de la enseñanza, etc.

En la siguiente tabla se muestra un cuestionario a modo de ejemplo:

Marque la opción que más se adecúe a las características que prevalecieron a lo largo del curso

1. Las oportunidades que tuve para realizar preguntas en clase fueron:
   a. Frecuentes
   b. Regulares
   c. Escasas
   d. Muy escasas

2. El interés que mostró el formador respecto a los alumnos fue:
   a. Satisfactorio
   b. Regular
   c. Poco
   d. Muy pobre

3. El clima existente en el aula fue:
   a. Bueno
   b. Regular
   c. Tenso
   d. Malo

Continúa en página siguiente >>

<< Viene de página anterior

**Marque la opción que más se adecúe a las características
que prevalecieron a lo largo del curso**

4. En la prueba final se evaluaban los contenidos dados a lo largo del curso:
   a. Sí
   b. No

5. El material presentado en el curso fue:
   a. Original
   b. Poco original
   c. Nada original

6. Las actividades que realicé para asimilar los contenidos fueron:
   a. Útiles
   b. Regulares
   c. Pobres
   d. Inútiles

7. El contenido marcado para el curso se expuso en su totalidad:
   a. Sí
   b. No

8. El grupo de alumnos afectó a mi aprendizaje:
   a. De manera positiva
   b. De manera negativa
   c. No me afectó

9. El material audiovisual me pareció:
   a. Atractivo
   b. Regular
   c. Inadecuado

10. Los procesos, problemas y soluciones experimentados en el trabajo en grupo fueron:
    a. Bien planteados
    b. Regular planteados
    c. Mal planteados

11. Las exposiciones por parte del docente me parecieron:
    a. Buenas
    b. Regulares
    c. Malas

Continúa en página siguiente >>

<< Viene de página anterior

**Marque la opción que más se adecúe a las características
que prevalecieron a lo largo del curso**

---

12. La actuación del profesor durante el curso evidenció:
    a. Un elevado conocimiento de la materia
    b. Un mediano conocimiento
    c. Un escaso conocimiento

---

13. El profesor supo controlar las conductas perturbadoras sucedidas a lo largo
    del curso de forma:
    a. Eficaz
    b. Regular
    c. Ineficaz

---

14. El ritmo que siguió el profesor al exponer los contenidos me pareció:
    a. Muy bueno
    b. Satisfactorio
    c. Monótono

---

15. La secuencia de presentación de los contenidos del curso fue:
    a. Lógica
    b. Regular
    c. Arbitraria

---

16. La actuación del profesor despertó interés y motivación:
    a. Muchas veces
    b. Algunas veces
    c. Pocas veces
    d. Ninguna vez

Evaluación realizada por el propio formador

En esta evaluación, el formador va a evaluar la preparación del curso, el desarrollo del mismo, y también realizará una evaluación propia de su actuación como formador.

En la siguiente tabla se muestra un cuestionario a modo de ejemplo:

Marque la opción que más se adecúe a las características que prevalecieron a lo largo del curso

A. PREPARACIÓN DEL CURSO

1. ¿Cómo ha sido el tiempo con el que ha contado?
   a. Suficiente
   b. Insuficiente

¿Por qué? _____

2. ¿Cómo considera la distribución de las sesiones del curso?
   a. Adecuadas
   b. Inadecuadas

¿Por qué? _____

3. ¿Ha dispuesto de las guías didácticas del curso?
   a. Sí
   b. No

¿Por qué? _____

4. ¿Ha dispuesto de los recursos necesarios para la preparación de sus sesiones?
   a. Sí
   b. No

¿Cuáles le han hecho falta? _____

5. Teniendo en cuenta su nivel de formación, ¿ha necesitado apoyo por parte de la dirección del curso?
   a. Sí
   b. No

¿Cómo ha sido el apoyo? _____

B. DESARROLLO DEL CURSO

6. ¿El desarrollo de las sesiones (distribución y tiempo) se ha correspondido con la planificación prevista?
   a. Sí
   b. No

7. ¿La metodología utilizada para el desarrollo de las sesiones ha propiciado la participación e implicación del alumnado?
   a. Sí
   b. No

¿Por qué? _____

Continúa en página siguiente >>

<< Viene de página anterior

Marque la opción que más se adecúe a las características que prevalecieron a lo largo de curso

8. ¿Considera que el clima del curso ha sido el adecuado?
   a. Sí
   b. No

¿Por qué? _____

9. ¿El contexto donde se ha desarrollado el curso ha sido adecuado y oportuno?
   a. Sí
   b. No

¿Por qué? _____

10. ¿Ha conseguido los objetivos propuestos?
    a. Sí
    b. No

¿Por qué? _____

C. AUTOEVALUACIÓN

11. Evalúe de 1 a 4 los siguientes apartados relacionados con su intervención como formador, donde:

   1. Considero imprescindible mejorar mi formación en este aspecto.
   2. Considero necesario mejorar mi formación en este aspecto.
   3. Cuento con recursos necesarios para el desarrollo ajustado del curso, pero podría encontrar dificultades si éste cambia el rumbo prefijado.
   4. Mi formación al respecto es adecuada y dispongo de recursos suficientes para el desarrollo óptimo del curso.

	1	2	3	4
Dominio de los contenidos				
Metodología/didáctica empleada				
Comunicación con el alumnado				
Trabajo en equipo				

D. AMPLIACIÓN

Puede anotar a continuación cualquier aportación que desee realizar y no haya sido considerada en este cuestionario.

_____

_____

11.6. Tipos de evaluación

Existen diferentes tipos de evaluación, cada una se aplicará atendiendo a diferentes criterios.

Según su finalidad o función de la evaluación

Diagnóstica

Esta evaluación, como su nombre indica, tiene un carácter diagnóstico, ya que permite que se conozcan las potencialidades del alumno. De esta manera, la actividad didáctica se dirige de forma más efectiva.

Formativa

Se utiliza como estrategia para mejorar y ajustar los procesos formativos en el momento que se están llevando a cabo, para alcanzar las metas y los objetivos marcados. La evaluación formativa es aplicable a la evaluación de procesos.

Sumativa

Se aplica a la evaluación de productos terminados, es decir, se sitúa concretamente cuando finaliza un proceso, cuando éste se considera acabado. Su propósito es determinar el grado en que se han conseguido los objetivos establecidos, para evaluar de forma positiva o negativa el resultado. Esta evaluación permite tomar medidas tanto a medio como a largo plazo.

Según el momento de aplicación de la evaluación

Inicial

Se produce al principio del proceso de enseñanza-aprendizaje. La función que tiene la evaluación inicial es identificar el nivel de conocimientos que tienen los alumnos que inician un curso y, de esta manera, comprobar si los alumnos cuentan con los conocimientos necesarios para comenzarlo, y determinar si es posible impartirlo de acuerdo al programa formativo o si se requiere alguna modificación.

Procesual

La evaluación procesual se basa en valorar, de forma continua, el aprendizaje de los alumnos y la enseñanza del profesor, a través de la recogida sistemática de datos, toma de decisiones, etc.

La evaluación procesual es totalmente formativa, ya que, al favorecer la recogida continua de datos, permite tomar decisiones en el mismo momento que se considere necesario.

Los resultados que se obtienen forman la base permanente para el formador a la hora de programar las actividades diarias, así como para establecer las actividades y los procedimientos más apropiados. De esta manera, se evitan las dificultades que se puedan producir en los aprendizajes que se están llevando a cabo. La finalidad de todo esto es evitar errores y vacíos en los aprendizajes posteriores.

Final

La evaluación final es aquella que se realiza al finalizar la formación, por lo tanto ésta recoge y valora los resultados obtenidos a lo largo de un periodo formativo.

Según su extensión

Global

Tiene en cuenta todos los elementos y procesos que guardan relación con todo lo que es objeto de evaluación. Por ejemplo, si se trata de evaluar el proceso de aprendizaje de los alumnos, esta evaluación se centra en todas las áreas en general, pero sobre todo en los diversos tipos de contenidos de enseñanza (conceptos, procedimientos, valores, normas, etc.).

Parcial

Esta evaluación no se realiza de manera global, sino que se lleva a cabo por partes, es decir, evalúa los componentes que más interesan.

Según los agentes que realizan la evaluación

Autoevaluación o evaluación interna

Es el proceso sistemático mediante el cual una persona o grupo examina y valora sus procedimientos, comportamientos y resultados, para identificar qué quiere corregir o modificar en él. La evaluación interna muestra que los alumnos están más motivados a la hora de realizar una tarea difícil. La puesta en práctica de la autoevaluación no conlleva que el profesorado abandone sus funciones, sino que implica una concepción diferente de la enseñanza.

La autoevaluación ofrece al estudiante ayuda para descubrir sus necesidades, cantidad y calidad de su aprendizaje, causas de sus problemas, dificultades y éxitos en el estudio. De esta manera, el alumno puede conocerse de manera más concreta.

Heteroevaluación o evaluación externa

La evaluación externa es realizada o llevada a cabo por otra persona que no es el protagonista del aprendizaje. En esta evaluación, lo más frecuente es que el profesor evalúe al alumno.

TIPOS DE EVALUACIÓN	
Según su finalidad o función	- Diagnóstica - Formativa - Sumativa

Continúa en página siguiente >>

<< Viene de página anterior

TIPOS DE EVALUACIÓN	
Según su momento de aplicación	- Inicial - Procesual - Final
Según su extensión	- Global - Parcial
Según los agentes que la realizan	- Autoevaluación o evaluación interna - Heteroevaluación o evaluación externa

Solucionarios de ejercicios de repaso y autoevaluación

Contenido

Gestión de reservas de habitaciones y otros servicios de alojamientos

Solucionario Capítulo 1

De las siguientes frases, indique cuál es verdadera o falsa. En el caso de las falsas, justifique su respuesta.

1. Un cliente *walk-in* nunca puede ser un *no show.*

    ☑ **Verdadero**
    ☐ Falso

2. Reservas, junto con Caja, son dos subdepartamentos del *back-office* de Recepción.

    ☐ Verdadero
    ☑ **Falso**

    Caja pertenece al *front-office,* pues su labor principal es la de cobrar al cliente los servicios consumidos, por lo que mantiene un contacto directo bis a bis con él.

3. A través del subdepartamento de Reservas el establecimiento transmite una determinada imagen al cliente.

    ☑ **Verdadero**
    ☐ Falso

4. Reservas debe conocer el tipo de desayuno que se ofrece en el establecimiento.

    ☑ **Verdadero**
    ☐ Falso

5. **Se entiende por disponibilidad todas aquellas habitaciones libres del establecimiento en un determinado momento.**

   ☐ Verdadero
   ☑ **Falso**

   Una habitación libre puede estar sucia o bloqueada, por lo que no estará disponible.

6. **La mejor forma de archivar una reserva es por orden alfabético.**

   ☐ Verdadero
   ☑ **Falso**

   El criterio de búsqueda más eficaz, y por tanto de archivo, es por fecha de llegada.

7. **La lavandería es un ejemplo de servicio complementario ordinario.**

   ☐ Verdadero
   ☑ **Falso**

   Es un servicio complementario extraordinario.

8. **Un cliente que acude al establecimiento con un bono de servicios tiene garantizada su reserva llegue a la hora que llegue.**

   ☑ **Verdadero**
   ☐ Falso

9. **Los trabajos desempeñados por Reservas y Mostrador son totalmente independientes.**

   ☐ Verdadero
   ☑ **Falso**

   El trabajo realizado por Reservas condicionará al de Mostrador.

10. Una solicitud de reserva pendiente de confirmar por parte del establecimiento es aquella que se encuentra en situación de WL.

     ☑ **Verdadero**
     ☐ Falso

Solucionario Capítulo 2

1. Una AAVV tiene un cupo de 15 habitaciones con un hotel con un *release* de 3 días. Si hoy día 1 la agencia reserva 4 habitaciones para la noche de mañana, ¿cuántas habitaciones le quedará del cupo concedido? ¿Y si reserva 2 para la noche del día 5?

   Para la noche de mañana (día 2) no le quedan habitaciones del cupo, pues está fuera de *release,* de hecho habrá tenido que pedir disponibilidad al hotel para la reserva de esas 4 habitaciones. Para la noche del día 5 le quedarán 13, siempre y cuando no tenga más reservas hechas o habitaciones que continúen su estancia de noches anteriores.

2. ¿Por cuántos *pax* deberá estar formado un grupo para tener derecho a una gratuidad si ésta se concede por cada 25 *pax* de pago?

   26 *pax.*

3. ¿Puede un cliente particular tener un cupo con un establecimiento?

   No, pues los establecimientos no conceden cupos a clientes particulares, solo a AAVV.

4. ¿Puede una reserva individual proceder de un cupo otorgado por un hotel?

   Sí, si la reserva la hizo una AAVV. El hecho de ser individual o de grupo es indiferente.

5. ¿Puede una empresa recibir comisión de un establecimiento si envía a muchos trabajadores al mismo?

   No, pues las comisiones son los honorarios que reciben las AAVV por su labor de intermediación. A las empresas lo que se les puede es conceder descuentos en el precio de los servicios.

6. **Se puede obtener información sobre el movimiento diario de un hotel en:**

   ▪ *Planning* nominal.
   ▪ *Planning* numérico.
   ▪ *Planning forecast.*
   ▪ Libro de reservas.

   Planning nominal, *forecast* y libro de reservas, pues ofrecen información sobre las entradas y salidas de un día.

7. **¿Qué tarifa aplicaría a un cliente particular que acude a su establecimiento en temporada alta?**

   La tarifa *rack rate* o la tarifa oficial del hotel.

8. **¿Qué diferencia existe entre una habitación *twin* y una *double?***

   La habitación *twin* tiene dos camas y la *double* una de matrimonio.

9. **¿Qué *planning* ofrece información sobre las cancelaciones de reserva?**

   El *planning forecast.*

10. **¿Por qué el Libro de reservas permite hacer previsiones de servicios?**

    Porque recoge el número de personas que entran, se alojan y salen cada día, así como el régimen alimenticio contratado.

11. **Describa el proceso de modificación de una reserva.**

    Por pasos, el proceso consiste en:

    1. Localizar la hoja de reservas original.
    2. Consultar disponibilidad y actualizar información de la reserva, si procede.

3. Anexar documento de la modificación a la hoja de reservas, anotando en esta última "modificada".
4. Actualizar *planning* y libro de reservas.
5. Archivar nuevamente los dos documentos juntos.

Solucionario Capítulo 3

De las siguientes frases, indique cuál es verdadera o falsa. En el caso de las falsas, justifique su respuesta.

1. **Una ventaja del uso de una aplicación informática en Reservas es la actualización automática de datos al introducir información.**

  ☑ **Verdadero**
  ☐ Falso

2. **El uso de una aplicación informática exime de necesitar documentación escrita.**

  ☐ Verdadero
  ☑ **Falso**

  Se sigue empleando la hoja de reservas, así como la documentación relativa a la solicitud: bonos, faxes, *rooming list,* etc. Además de los distintos listados que son necesarios emitir.

3. **Existen dos tipos de *cárdex:* de cliente y de socio.**

  ☐ Verdadero
  ☑ **Falso**

  Los dos tipos de *cárdex* son de cliente y de empresa. "Socio" es la categoría que puede tener un cliente en el establecimiento y que aparece reflejada en el primer tipo.

4. **La anulación de una reserva en un programa informático elimina dicha reserva del PC.**

  ☐ Verdadero
  ☑ **Falso**

  Queda guardada como reserva anulada.

5. **Los criterios de búsqueda de una reserva informatizada son mucho más variados que en el trabajo manual.**

    ☑ **Verdadero**
    ☐ Falso

6. **Una aplicación informática informa de la situación de los cupos de las AAVV.**

    ☑ **Verdadero**
    ☐ Falso

7. **El *booking* de reservas es la función que muestra todas las reservas hechas con la aplicación.**

    ☐ Verdadero
    ☑ **Falso**

El *booking* de reservas es una función para la consulta de disponibilidad.

8. **Al rellenar la hoja de reservas informatizada es obligatorio preasignar la habitación.**

    ☐ Verdadero
    ☑ **Falso**

Es una posibilidad pero no una obligación.

9. **Todas las aplicaciones informáticas permiten realizar las mismas funciones.**

    ☐ Verdadero
    ☑ **Falso**

Depende de cómo esté programada o diseñada la aplicación.

10. **Un criterio de consulta de disponibilidad informatizada es por habitación ocupada.**

    ☑ **Verdadero**
    ☐ Falso

Solucionario Capítulo 4

De las siguientes frases, indique cuál es verdadera o falsa. En el caso de las falsas, justifique su respuesta.

1. **Las relaciones interdepartamentales son aquéllas que se producen entre los departamentos de una empresa.**

   ☑ **Verdadero**
   ☐ Falso

2. **Conserjería planifica su trabajo gracias a la emisión de listados por parte de Reservas.**

   ☐ Verdadero
   ☑ **Falso**

   A partir de previsiones, no de listados.

3. **La lista de llegadas recoge, entre otros datos, el número de pax que ocupan la habitación.**

   ☑ **Verdadero**
   ☐ Falso

4. **Reservas no mantiene relaciones con Restaurante ya que pertenecen a distintas áreas de trabajo.**

   ☐ Verdadero
   ☑ **Falso**

   Sí mantienen relaciones de trabajo.

5. **El listado de disponibilidad informa de entradas y salidas en un establecimiento.**

☐ Verdadero
☑ **Falso**

Informa de habitaciones disponibles totales y por tipo.

6. **Un error en la previsión de un servicio puede conllevar un gasto de dinero innecesario.**

☑ **Verdadero**
☐ Falso

7. **El informe "operaciones con reservas" es un ejemplo de informe previsión.**

☐ Verdadero
☑ **Falso**

Es un listado.

8. **Los informes de Reservas son elaborados a partir de la información contenida en el *planning*, entre otros documentos.**

☑ **Verdadero**
☐ Falso

9. **Si se trabaja con un *planning forecast*, en la lista de llegadas el campo "habitación" no aparece cumplimentado.**

☑ **Verdadero**
☐ Falso

10. **Un informe de previsión de ocupación permite al departamento de Pisos organizar los turnos de trabajo.**

☑ **Verdadero**
☐ Falso

Solucionario Capítulo 5

De las siguientes frases, indique cuál es verdadera o falsa. En el caso de las falsas, justifique su respuesta.

1. **Las comunidades autónomas han de ajustarse a lo estipulado por la ley a efectos de precios y reservas.**

   ☐ Verdadero
   ☑ **Falso**

   Las CC. AA. tienen competencia para dictar sus propias normativas.

2. **Según la ley, el cliente que efectúa una reserva en régimen de PC lleva un descuento en el precio de las comidas.**

   ☑ **Verdadero**
   ☐ Falso

3. **Una *suite* puede ser usada como DUI, pero al precio íntegro de *suite*.**

   ☑ **Verdadero**
   ☐ Falso

4. **El *overbooking* es una práctica que carece de regulación legal.**

   ☐ Verdadero
   ☑ **Falso**

   Está regulado por la Ley de Turismo de cada comunidad autónoma.

5. **En una habitación triple se puede instalar una cama supletoria.**

   ☑ **Verdadero**
   ☐ Falso

6. **Un servicio común es aquel que puede ser usado por todos los clientes de un establecimiento.**

　　☐ Verdadero
　　☑ **Falso**

Es aquel por el que establecimiento no puede cobrar su uso a los clientes.

7. **La Orden estatal de precios y reservas establece anticipos mínimos a solicitar a las reservas efectuadas.**

　　☐ Verdadero
　　☑ **Falso**

Establece las cantidades máximas en concepto de anticipos.

8. **El *overbooking* es una práctica que vela por los intereses del usuario.**

　　☐ Verdadero
　　☑ **Falso**

Vela por los intereses de la empresa prestataria del servicio.

9. **El solicitar garantías a las reservas es una buena alternativa al *overbooking*.**

　　☑ **Verdadero**
　　☐ Falso

10. **El *overbooking* no es considerado infracción en nuestro país.**

　　☐ Verdadero
　　☑ **Falso**

Por normal general, es considerado infracción grave.

Solucionario 2
Diseño y ejecución de acciones comerciales en alojamientos

Solucionario Capítulo 1

1. **La oferta turística se divide en dos categorías, ¿cuáles son?**

    a. Principal y secundaria.
    b. Real y secundaria.
    c. Principal y complementaria.
    d. Real y complementaria.

2. **El principal componente objetivo de la demanda de servicios hoteleros es:**

    a. La categoría del hotel.
    b. El precio.
    c. El tamaño del hotel.
    d. Que tenga *parking.*

3. **El análisis cualitativo de la actividad turística tiene por finalidad...**

    a. ... la previsión de los comportamientos humanos y su relación con el turismo.
    b. ... sustituir a la investigación cuantitativa en los países subdesarrollados.
    c. ... averiguar la nacionalidad de los turistas.
    d. ... comprobar la categoría de los hoteles.

4. **Señale la respuesta incorrecta. Los análisis cuantitativos presentan a veces dificultades debidas a...**

    a. ... lo difícil de los cálculos estadísticos.
    b. ... la dificultad para obtener datos creíbles en algunos países.
    c. ... la sensibilidad del turismo a cambios imprevistos en la seguridad de los viajes.
    d. Todas las opciones son incorrectas.

5. **Los instrumentos más usados en la medición y cálculo estadístico de la actividad turística no son:**

  a. Variables.
  b. Indicadores.
  c. **Coeficientes.**
  d. Todas las opciones son incorrectas.

6. **De las siguientes afirmaciones, diga cuál es verdadera o falsa.**

  a. Las variables cualitativas se dividen en nominales y ordinales.

    ☑ **Verdadero**
    ☐ Falso

  b. Un ejemplo de variable discreta es la estatura de los turistas.

    ☐ Verdadero
    ☑ **Falso**

  c. Los pilares básicos del turismo receptivo son los recursos, las infraestructuras y los servicios turísticos.

    ☑ **Verdadero**
    ☐ Falso

  d. Exceptuando internet, las tradicionales fuentes de información más utilizadas por los demandantes de productos turísticos son tres: experiencia personal, opinión de amigos y familiares y guías de viajes.

    ☑ **Verdadero**
    ☐ Falso

Solucionario Capítulo 2

1. Señale cuál de las siguientes afirmaciones es falsa.

    a. Entre las necesidades no económicas del individuo se encuentran...

        ☐ ... reír y llorar.
        ☑ **... comprar comida.**
        ☐ ... respirar.

    b. Algunas de las relaciones entre la motivación y la conducta son:

        ☐ El comportamiento es consecuencia de una causa.
        ☐ El comportamiento está motivado.
        ☑ **El comportamiento es más instintivo que otra cosa.**

    c. Entre otros aspectos, el *marketing* estudia...

        ☐ ... los deseos que los consumidores quieren satisfacer.
        ☐ ... las influencias que los consumidores reciben del grupo al que pertenecen.
        ☑ **... los beneficios de las empresas.**

2. De las siguientes afirmaciones, diga cuál es verdadera o falsa.

    a. El consumidor actúa en el mercado con las limitaciones que le impone su nivel de renta.

        ☑ **Verdadero**
        ☐ Falso

    b. La segmentación agrupa a los consumidores en grupos o paquetes de igual número de componentes.

        ☐ Verdadero
        ☑ **Falso**

    c. Los segmentos de mercado han de ser lo bastante voluminosos como para que sea rentable atenderlos comercialmente.

        ☑ **Verdadero**
        ☐ Falso

    d. Un nicho de mercado es un segmento del segmento de mercado.

        ☑ **Verdadero**
        ☐ Falso

3. Señale cuál de las siguientes afirmaciones es verdadera.

    a. Entre los segmentos del mercado turístico más usuales, se encuentran...

        ☑ **... turismo de aventura.**
        ☐ ... agencias emisoras.
        ☐ ... hoteles pertenecientes a cadenas hoteleras.
        ☐ ... turismo que hacen los emigrantes.

    b. Los viajes combinados se conocen también con la denominación de...

        ☐ ... viajes internacionales.
        ☑ **... paquetes turísticos.**
        ☐ ... desplazamientos cortos.
        ☐ ... viajes familiares.

    c. Entre las razones que hacen que un destino turístico se considere asentado a lo largo del tiempo, se encuentra...

        ☐ ... que las autoridades locales lo autoricen.
        ☐ ... que la autorización sea de las autoridades turísticas nacionales.
        ☑ **... que el nivel de hospitalidad en la sociedad receptora de visitantes sea y se mantenga bastante alto.**
        ☐ ... que tenga una antigüedad de más de 6 meses.

Solucionario Capítulo 3

1. Las actividades encuadradas en el sector terciario de la economía son:

   a. Agricultura, industria y servicios.
   b. Agricultura, ganadería, pesca y minería.
   c. **Todas las actividades productoras de servicios y en particular el turismo y la hostelería.**
   d. Todas las opciones son incorrectas.

2. La competencia perfecta es un mercado en el que...

   a. **... intervienen muchos compradores y muchos vendedores.**
   b. ... intervienen muchos compradores y un solo vendedor.
   c. ... intervienen unos pocos compradores y unos pocos vendedores.
   d. ... interviene un solo comprador y muchos vendedores.

3. Las fuentes de información primarias son:

   a. Observación y análisis de los datos.
   b. Observación y transmisión de datos.
   c. **Observación y comunicación mediante cuestionarios.**
   d. Todas las opciones son incorrectas.

4. El método de investigación causal es el que...

   a. **... utiliza experimentos naturales y controlados.**
   b. ... utiliza datos de panel con el mismo individuo.
   c. ... utiliza estudios longitudinales.
   d. ... utiliza estudios transversales.

5. **De las siguientes afirmaciones, diga cuáles son verdaderas o falsas.**

   a. Las funciones que se asignan al dinero son que sirve como unidad de cambio, unidad de cuenta, depósito de valor y medio de pago.

      ☑ **Verdadero**
      ☐ Falso

   b. El comercio electrónico es un producto de la denominada tecnología para el cambio.

      ☑ **Verdadero**
      ☐ Falso

   c. La evolución de la disciplina del marketing está relacionada con el nivel de competencia existente en cada momento y en cada mercado.

      ☑ **Verdadero**
      ☐ Falso

6. **La diferencia entre bienes y servicios no es:**

   a. Que los bienes son tangibles y los servicios no.
   b. Que los servicios no se pueden almacenar y los bienes sí.
   c. **Que para producir los bienes hace falta un sistema productivo y para los servicios no.**
   d. Todas las opciones son incorrectas.

7. **Las empresas se enfrentan a unas variables que afectan al comportamiento de la demanda. Estas variables no se agrupan en...**

   a. ... controlables.
   b. ... no controlables.
   c. **... aleatorias.**
   d. Las opciones b y c son correctas.

8. **Entre las preguntas que no hay que plantear y tratar de responder para formular la estrategia comercial de un plan de marketing se encuentra...**

   a. **... ¿Quiénes somos?**
   b. ... ¿Dónde estamos?
   c. ... ¿A dónde queremos ir?
   d. Todas las opciones son incorrectas.

Solucionario Capítulo 4

1. El *marketing* relacional tiene una característica fundamental que lo diferencia del *marketing* tradicional: ...

    a. ... busca aumentar el número de clientes por encima de todo.
    b. ... intenta resaltar la calidad intrínseca de los productos.
    c. ... está enfocado a mantener clientes antes que a buscar nuevos.
    d. ... no se aplica nunca en empresas mayoristas.

2. En *marketing*, la expresión de mercado maduro significa que...

    a. ... cada vez es más difícil encontrar clientes potenciales.
    b. ... es muy antiguo.
    c. ... no admite más ofertas.
    d. ... todos los oferentes se conocen.

3. La perspectiva temporal del *marketing* relacional es:

    a. El corto plazo.
    b. El medio plazo.
    c. El largo plazo.
    d. Ninguno de los anteriores, es el aquí y ahora.

4. El plan de *marketing* está integrado y forma parte de...

    a. ... la planificación estratégica de la empresa.
    b. ... la planificación de la dirección empresarial
    c. ... el esquema de la competencia.
    d. ... la política de análisis de la situación.

5. De las siguientes afirmaciones, diga cuál es verdadera o falsa.

a. Un plan de acción comercial es lo mismo que un programa de *marketing-mix.*

☑ **Verdadero**
☐ Falso

b. Para obtener una ventaja competitiva de un producto hay que centrarse en las necesidades de los consumidores que es capaz de satisfacer y realzar esa característica.

☑ **Verdadero**
☐ Falso

c. La atención al cliente está más desarrollada en el *marketing* relacional que en el tradicional.

☑ **Verdadero**
☐ Falso

6. Entre las acciones comerciales que se convierten en objetivos del *marketing*, no están...

a. ... las acciones encaminadas a conseguir y mejorar la penetración en el mercado.
b. ... las acciones encaminadas a mejorar el servicio post-venta.
c. ... las acciones encaminadas a mejorar la imagen del departamento dentro de la empesa.
d. Todas las opciones son incorrectas.

7. La estructura de un plan de ventas no se basa en...

a. ... la cifra de ventas a alcanzar.
b. ... los procedimientos a seguir.
c. ... el organigrama del departamento comercial.
d. Todas las opciones son incorrectas.

8. **Un plan de ventas no tiene que estar justificado en base a...**

   a. **... las indicaciones del director.**
   b. ... la actividad de la competencia.
   c. ... la evolución histórica de las ventas de la empresa.
   d. Todas las opciones son incorrectas.

Solucionario Capítulo 5

1. En la venta personal, entre los objetivos principales del llamado contacto inicial, está...

   a. ... **obtener toda la información posible del cliente potencial.**
   b. ... cumplimentar la hoja de ruta del vendedor.
   c. ... hacer cartera de clientes.
   d. Todas las opciones son incorrectas.

2. Transmitir una buena imagen profesional...

   a. ... solo importa de cara a los clientes.
   b. ... a quien importa sobre todo es al propio vendedor.
   c. ... solo importa de cara a los jefes.
   d. ... **es importante de cara a clientes, compañeros y jefes.**

3. El sondeo que hace un vendedor al cliente potencial es para...

   a. ... **determinar las necesidades y deseos del cliente.**
   b. ... saber si tiene dinero para pagar.
   c. ... enterarse de dónde es originario.
   d. Todas las opciones son incorrectas.

4. Para determinar el tipo de cliente potencial al que un vendedor intenta vender un producto, se utiliza como criterio...

   a. ... la opinión de sus vecinos y amigos.
   b. ... el tipo de cargo que ocupa en su trabajo.
   c. ... el coche que conduce.
   d. **Todas las opciones son incorrectas.**

5. **De las siguientes frases, diga cuál es verdadera o falsa.**

   a. Entre las motivaciones de compra de los consumidores actuales se encuentra el orgullo.

      ☑ **Verdadero**
      ☐ Falso

   b. La argumentación en la venta se hace sobre todo para que el cliente se líe y al final compre lo que se le dice sin saber por qué.

      ☐ Verdadero
      ☑ **Falso**

   c. La venta de servicios turístico-hosteleros presenta algunas características que la diferencian de la venta de bienes e incluso de otros servicios.

      ☑ **Verdadero**
      ☐ Falso

6. **Para resolver con éxito las objeciones que los clientes potenciales ponen durante la acción de venta, no es preciso por parte del vendedor...**

   a. ... tener un buen nivel de formación general.
   b. ... no interrumpir y escuchar hasta el final al cliente.
   c. **... solo hace falta tener don de palabra.**
   d. Todas las opciones son correctas.

7. **Entre los requisitos básicos para hacer un cierre de venta no está:**

   a. Que el cierre debe ser corto.
   b. Poner al cliente en situación de que le sea fácil decir sí.
   c. **Elevar el tono de voz y gesticular mucho.**
   d. **Las opciones a y b son correctas.**

8. **El tratamiento de un cliente silencioso no debe ser:**

   a. **Insistirle mucho más que a los demás para que responda.**
   b. Respetar su silencio y esperar pacientemente a que hable.
   c. Aplicar aquello de "el primero que habla pierde".
   d. Todas las opciones son correctas.

Solucionario Capítulo 6

1. ¿Cuándo se debe establecer una negociación?

a. Cuando no hay nada que vender y se intenta colocar algo.
b. Cuando aparece un conflicto de intereses.
c. Cuando no hay ninguna posibilidad de acuerdo.
d. Cuando el cliente cae mal.

2. Se dice que la negociación es:

a. Una mezcla de ciencia y arte.
b. Solamente un arte, de ciencia no hay nada.
c. Todo consiste en aprender, nada de artisticidad.
d. Todas las opciones son incorrectas.

3. La negociación por principios se define a sí misma como...

a. ... negociación dura.
b. ... negociación blanda.
c. ... negociación muy corta y contundente.
d. ... negociación dura con los problemas y blanda con las personas.

4. Hacer concesiones a lo largo de una negociación...

a. ... está muy mal visto, da poca seriedad.
b. ... es algo comúnmente aceptado como algo necesario en una buena negociación.
c. ... es para lo único que se entablan negociaciones.
d. Todas las opciones son incorrectas.

5. En una negociación, ¿cuáles son conflictos negociables y cuáles no negociables?

a. Los precios son conflictos no negociables.
b. La cantidad de producto a adquirir es un conflicto no negociable.

c. Los precios son conflictos negociables.

d. Absolutamente todo es negociable.

6. **El punto de abandono que plantea un vendedor, antes de comenzar una negociación, es:**

   a. **El punto por debajo del que no le interesa de ninguna manera seguir negociando.**

   b. El punto en que tiene que hacer abandonar a su oponente.

   c. El punto en que abandona la venta de lo que sea y pasa a intentar vender otro producto.

   d. En punto en que el vendedor se abandona a lo que el oponente quiera decidir.

7. **De la información que un vendedor debe disponer antes de sentarse a negociar, la más completa no ha de ser sobre...**

   a. **... la actualidad política del momento.**

   b. ... el oponente.

   c. ... la competencia.

   d. Todas las opciones son incorrectas.

8. **Las propuestas relativas a la relación precio-volumen de compra no...**

   a. ... deben servir para aumentar las ventas.

   b. **... son estratagemas que despliega el vendedor para liar al cliente potencial.**

   c. ... deben responder a cálculos precisos de ingresos y costes marginales.

   d. ... deben servir para aumentar los costes.

9. **Entre los métodos para reforzar el poder de convicción, no está:**

   a. Usar el lenguaje no verbal.

   b. **Actuar rápidamente sin importar lo que haga el oponente.**

   c. Averiguar si el interlocutor está predispuesto a favor o en contra.

   d. Todas son correctas.

10. Diga si la siguiente afirmación es verdadera o falsa.

Para cerrar una negociación con acuerdo, hay que asegurarse tanto del convencimiento propio como de que el oponente está realmente satisfecho con el acuerdo alcanzado.

    ☑ **Verdadero**
    ☐ Falso

Solucionario 3
Comunicación y atención al cliente en hostelería y turismo

Solucionario Bloque 1 Capítulo 1

1. **Relacione:**

    a. Barreras semánticas.
    b. Barreras físicas.
    c. Barreras fisiológicas.
    d. Barreras psicológicas.
    e. Barreras sociológicas.

    c. Discapacidad auditiva.
    a. Polisemia.
    d. Emociones humanas.
    e. Pertenecer a distintas religiones.
    b. Ruido ambiental.

2. **¿Cuáles son los tres niveles de cualquier lengua o idioma?**

    Nivel fónico, nivel morfosintáctico y nivel léxico semántico.

3. **De las siguientes frases, indique cuál es verdadera o falsa:**

    a. La kinesia estudia la comunicación no verbal a través de los movimientos del cuerpo.

        ☑ **Verdadero**
        ☐ Falso

    b. La kinesia es el estudio de las variaciones no lingüísticas como el ritmo, el tono y el volumen.

        ☐ Verdadero
        ☑ **Falso**

    c. La proxémica es el estudio de la forma en que las personas usan el espacio.

        ☑ **Verdadero**
        ☐ Falso

4. ¿Cuáles son las principales actitudes ante una situación difícil?

Autocontrol, empatía y asertividad.

5. ¿Qué es la empatía?

La empatía es una habilidad fundamental para comprender el mensaje de otra persona y que consiste principalmente en inferir los pensamientos y sentimientos de otros, generando sentimientos de simpatía, comprensión y ternura. Básicamente, consiste en ponerse en el lugar del otro, entendiendo y comprendiendo su situación, su estado de ánimo, de manera que el entendimiento entre ambos sea mejor.

Solucionario Bloque 1 Capítulo 2

1. **De las siguientes frases, indique cuál es verdadera o falsa:**

   a. En cualquier tipo de comunicación existen dos conductas a adoptar frente a la misma, de manera agresiva o pasiva.

   ☐ Verdadero
   ☑ **Falso**

   b. La conducta pasiva muestra principalmente una falta de respeto hacia las necesidades personales.

   ☑ **Verdadero**
   ☐ Falso

   c. Uno de los principios más importantes en la comunicación es el saber escuchar.

   ☑ **Verdadero**
   ☐ Falso

   d. La conducta asertiva implica respeto hacia uno mismo.

   ☑ **Verdadero**
   ☐ Falso

2. **Rellene los huecos de la siguiente frase:**

   Al usar eficientemente las habilidades de **comunicación,** se benefician tanto el **cliente,** como el **profesional.**

3. **Cite al menos dos técnicas de comunicación.**

   ▎ Comunicación asertiva.
   ▎ Comunicación pasiva.
   ▎ Comunicación agresiva.
   ▎ Escucha activa.

4. **Diga qué elemento no facilita una escucha activa :**

      a. Disposición psicológica.
      b. Observar al interlocutor.
      c. Hacer ver al otro que se le esta escuchando.
      d. Prestar atención a equipos de procesos para la información.

5. **Indique al menos tres puntos para enviar un mensaje de una manera eficaz.**

- Ser claros y precisos y no irse por las ramas.
- Tratar un tema sólo cada vez y no mezclar conceptos.
- Dar más importancia a la resolución de un problema que a los motivos que lo han ocasionado.
- Comprobar que se ha entendido bien el mensaje y sino es así, volverlo a explicar con distintas palabras.
- Utilizar la voz de manera que lo que se quiera comunicar no resulte monótono.
- Escuchar con atención a los demás.
- Intentar comprender su punto de vista.
- Resumir de vez en cuando lo que la otra persona dice para darle a entender que se le está prestando atención.

Solucionario Bloque 1 Capítulo 3

1. **De las siguientes frases, indique cuál es verdadera o falsa.**

   a. La presunción de entendimiento es uno de los problemas de comunicación debido al receptor.

      ☑ **Verdadero**
      ☐ Falso

   b. El principal problema de comunicación por causa del código, en especial en la empresa turística, es el idioma.

      ☑ **Verdadero**
      ☐ Falso

   c. Las leyes de propagación del rumor son: ley de nivelación, ley de acentuación, ley de asimilación y ley de información.

      ☐ Verdadero
      ☑ **Falso**

   d. Para evitar problemas de comunicación es mejor no empatizar con el interlocutor.

      ☐ Verdadero
      ☑ **Falso**

2. **Complete la siguiente frase:**

   Los factores que favorecen que se genere ruido son principalmente los **tecnológicos** y los **ambientales**.

3. Cite al menos tres técnicas para evitar problemas de comunicación.

- Escuchar lo que la otra persona está diciendo, aunque no sea agradable.
- Demostrar interés por la persona que comunica el mensaje.
- Estar atento a lo que transmite e interrogarle para completar la información.
- Aprender a ceder para evitar conflictos derivados de la perseverancia de algún interlocutor.
- No emitir juicios sobre el mensaje.
- Planificar cómo se va a comunicar lo que se quiere decir.
- Demostrar sinceridad a la hora de comunicar algo, tal y como se siente y se piensa.
- Empatizar con el otro interlocutor.
- Escuchar los distintos puntos de vista del resto de los interlocutores.
- Analizar los gestos, la comunicación no verbal y la entonación del mensaje.
- Mostrar cortesía.
- No enviar una comunicación si no se está seguro de su veracidad.
- Intentar ser objetivo en sus opiniones.
- Adaptarse al lenguaje del interlocutor.

4. De los siguientes, identifique qué problema no afecta a la percepción de la realidad dentro de la problemática de la comunicación debida al emisor:

a. Abstracciones.
b. Observar al interlocutor.
c. Conclusiones.
d. Evaluaciones esterotipadas.

5. Indique qué tres condiciones se tienen que dar para que aparezca un rumor.

- Importancia del contenido de la información para la persona.
- Ambigüedad del contenido de la noticia.
- Que se puede hacer algo –sacar provecho- con el contenido de la información.

Solucionario Bloque 1 Capítulo 4

1. ¿Cuáles son las dos frases o palabras imprescindibles en toda comunicación con clientes?

   a. Sonreír y escuchar.
   b. Emisor y receptor.
   c. La empresa es lo primero y el cliente es lo segundo.
   d. **Por favor y gracias.**

2. De las siguientes frases, indique cuál es verdadera o falsa.

   a. Al cliente nunca se le debe preguntar el nombre. Se supone que ya se tiene que saber de antemano.

   ☐ Verdadero
   ☑ **Falso**

   b. No importa estar haciendo otras cosas a la vez mientras se atiende a un cliente.

   ☐ Verdadero
   ☑ **Falso**

   c. Se debe sonreír al hablar por teléfono.

   ☑ **Verdadero**
   ☐ Falso

   d. No se debe comer ni beber mientras se habla por teléfono.

   ☑ **Verdadero**
   ☐ Falso

3. **¿Cuáles de las siguientes frases o aserciones son correctas a la hora de hablar con un cliente por teléfono y cuáles no?**

    a. Buenos días le atiende Anabel. ¿En qué puedo ayudarle?

        ☑ **Correcta**
        ☐ Incorrecta

    b. No está en la oficina. Llame más tarde.

        ☐ Correcta
        ☑ **Incorrecta**

    c. ¿Quién llama?

        ☐ Correcta
        ☑ **Incorrecta**

    d. Perdón, creo que ha habido un malentendido.

        ☑ **Correcta**
        ☐ Incorrecta

4. **¿Cómo se clasifica la comunicación telemática según la explotación de los circuitos de datos?**

    a. Unidireccional, bidireccional, bidireccional simultánea.
    b. Sincrónica y asincrónica.
    c. Direccional y no direccional.
    d. Sincrónica y sincrónica simultánea.

5. **El chat, ¿qué tipo de herramienta de comunicación es?**

    a. Asincrónica.
    b. Unidireccional.
    c. Sincrónica.
    d. Ninguna de las anteriores.

Solucionario Bloque 2 Capítulo 1

1. **De las siguientes frases, indique cuál es verdadera o falsa.**

   a. Los clientes son iguales aunque se identifiquen en un determinado grupo.

      ☐ Verdadero
      ☑ **Falso**

   b. La manera de tratar a un cliente exigente es tener paciencia y no caer en sus provocaciones.

      ☑ **Verdadero**
      ☐ Falso

   c. Los grupos de clientes no suelen tener el viaje organizado, por ello, debe de habilitar un lugar de espera mientras se coordinan.

      ☐ Verdadero
      ☑ **Falso**

2. **¿Cómo pueden clasificarse los clientes dependiendo del colectivo al que pertenecen?**

   ▮ Congresistas.
   ▮ Grupo.
   ▮ Tercera edad.
   ▮ Familias con niños.

3. **Cite al menos tres técnicas para tratar a un cliente independiente.**

   ▮ Amabilidad.
   ▮ Cortesía.
   ▮ Sin atosigarle.

4. **Dependiendo de la personalidad del cliente, diga cuál de las siguientes no corresponde:**

    a. Amigables.
    b. Mundano.
    c. Tímido.
    d. Exigente.
    e. Independiente.
    f. Impaciente.
    g. Curioso.
    h. Enfadado.

5. **Complete la siguiente frase:**

Cada cliente es **único,** pero todos tienen características comunes que permiten clasificarlos en distintos **grupos,** para así poder tratarles según su **tipología** de manera que reciban el trato más acorde con su grupo.

Solucionario Bloque 2 Capítulo 2

1. ¿Cuál de las siguientes características no son propias de una empresa centrada en el cliente?

    a. Se buscan soluciones a corto plazo.
    b. La dirección se centra en apoyar a los empleados.
    c. Se busca formar al empleado continuamente en diversos campos.
    d. El personal dedica su tiempo a satisfacer a los directivos, principalmente.

2. ¿Cuáles son los tres pasos principales que se deben tener en cuenta a la hora de ofrecer un buen servicio?

    ▌ Qué se va a ofrecer.
    ▌ El nivel que van a tener los servicios.
    ▌ Cuál va a ser la mejor forma de ofrecerlos.

3. Complete la siguiente frase:

Los aspectos básicos que siempre hay que tener en cuenta de un buen servicio son: accesibilidad, **credibilidad**, seguridad, **comunicación** y **cortesía**.

4. Indique tres métodos para investigar las necesidades del cliente.

    ▌ Encuestas.
    ▌ Cuestionarios.
    ▌ Preguntar al cliente.
    ▌ Preguntar al personal que tiene trato con él.
    ▌ Bases de datos.
    ▌ A través de reclamaciones.

5. De las siguientes frases, indique cuál es verdadera o falsa.

a. Las cláusulas objetivas dependen del cliente.

☐ Verdadero
☑ **Falso**

b. Las situaciones que dependen del personal pueden darse por falta de tiempo.

☑ **Verdadero**
☐ Falso

c. Las situaciones que dependen del entorno son situaciones que no dependen ni del cliente ni del personal.

☑ **Verdadero**
☐ Falso

Solucionario Bloque 2 Capítulo 3

1. **Diga tres obstáculos que dificulten la labor de reconducción de un cliente.**

   ▌ La empresa no tiene una política de quejas clara.
   ▌ Los empleados no tienen potestad para tomar ningún tipo de decisión.
   ▌ Los empleados no pueden desviarse de las reglas.
   ▌ La empresa no está orientada al cliente.
   ▌ La empresa no valora las quejas de los clientes o no piensa que sean justificadas.
   ▌ El personal no está motivado.
   ▌ La empresa tiene como primera finalidad la satisfacción del empresario o jefe en vez de tener como prioridad la satisfacción del cliente.

2. **¿Cuál de los siguientes tipos de quejas corresponde a la clasificación de éstas según su proceso?**

   a. Activa.
   b. Justificada.
   c. Dura.
   d. Pasiva.

3. **Relacione:**

   a. Acción privada.
   b. Acción pública.

   a. No recomendar.
   b. Presentar queja a la empresa.
   b. Presentar a una queja a un organismo oficial.
   a. No volver.
   b. Buzón de sugerencias.

4. De las siguientes frases, indique cuál es verdadera o falsa.

a. Un profesional del turismo nunca debe tomarse la queja como algo personal.

☑ **Verdadero**
☐ Falso

b. Un profesional del turismo no tiene porqué informar al cliente del proceso de tramitación de la queja falsa.

☐ Verdadero
☑ **Falso**

c. Un profesional del turismo deberá tratar de desviar el problema hacia otros asuntos.

☐ Verdadero
☑ **Falso**

d. El profesional del turismo deberá echarle la culpa a un compañero si efectivamente ha sido el responsable.

☐ Verdadero
☑ **Falso**

e. Las hojas de reclamación no tienen porqué estar a disposición del cliente si el empresario no lo desea.

☐ Verdadero
☑ **Falso**

f. Deberá indicarse en una zona visible que se dispone de hojas de reclamación.

☑ **Verdadero**
☐ Falso

g. La hoja de reclamación puede ser anónima.

☐ Verdadero
☑ **Falso**

h. Se puede reclamar con referencia al precio estipulado antes de pagarlo.

      ☐ Verdadero
      ☑ **Falso**

Solucionario Bloque 2 Capítulo 4

1. **Complete la siguiente frase:**

   Los poderes públicos garantizarán la defensa de los consumidores y usuarios mediante, **procedimientos eficaces,** la **seguridad,** la **salud,** y los legítimos intereses económicos de los mismos.

2. **Diga al menos tres materias sobre las que se incluyen novedades importantes en la Ley 44/2006.**

   - La oferta, promoción y publicidad falsa o engañosa.
   - Las cláusulas abusivas.
   - La devolución del precio del producto.
   - El derecho a finalizar el contrato de prestación de servicios.
   - El derecho a estar informados del precio final.
   - Oficinas de atención al cliente.
   - Obstáculos onerosos y desproporcionados.

3. **Identifique de entre las siguientes, la normativa en materia de consumo no perteneciente a la legislación española:**

   a. Ley 26/1984
   b. Ley 39/2002
   c. Ley 44/2006
   d. **Directiva 1999/44/CE**

4. **Indique al menos tres grupos dentro de los que se clasifican las cláusulas abusivas.**

   - Las que vinculan el contrato a la voluntad del empresario.
   - Las que privan a los consumidores de los derechos básicos.
   - Las que implican falta de reciprocidad en las prestaciones.
   - Las que impone al consumidor garantías excesivas en proporción al riesgo del empresario.
   - Las que afectan a la perfección y ejecución del contrato.
   - Las que afectan a la competencia de los tribunales y la ley aplicable.

5. De las siguientes frases, indique cuál es verdadera o falsa.

a. Los productos tienen un año de garantía, aunque en ciertos países como España tienen dos.

  ☐ Verdadero
  ☑ **Falso**

b. Los viajes organizados vendrán legislados independientemente por cada país según su normativa.

  ☐ Verdadero
  ☑ **Falso**

c. Las cláusulas abusivas están prohibidas en los contratos.

  ☑ **Verdadero**
  ☐ Falso

d. La normativa europea incluye unas directrices sobre los derechos de los pasajeros de cualquier vuelo regular nacional en el interior de la Unión Europea, cualquier vuelo charter con destino u origen en la UE o vuelos procedentes del exterior de la Unión Europea.

  ☑ **Verdadero**
  ☐ Falso

Solucionario 4
Organización y prestación del servicio de recepción en alojamientos

Solucionario Capítulo 1

1. **La organización de un departamento se basa fundamentalmente en...**

   a. ... dividir las actividades propias del departamento en grupos
   b. ... asignar a cada grupo de actividad un responsable
   c. ... coordinar horizontal y verticalmente toda la estructura.
   d. Todas las opciones son correctas.

2. **¿Cuál de estos documentos no se debe ir rellenando antes de que el cliente llegue a recepción?**

   a. Tarjeta de registro
   b. *Slip*
   c. Parte de entrada
   d. Factura

3. **Relacione estos elementos sabiendo que alguno de los departamentos puede realizar más de una función.**

   a. Dpto. recepción
   b. Dpto. contabilidad
   c. Dpto. comercial

   c,a. Reservas
   a. Mostrador
   a,b. Créditos

4. **Relacione cada turno con las distintas tareas propias del departamento de recepción.**

   a. Turno de mañana
   b. Turno de tarde
   c. Turno de noche

   a. Revisar el listado de *no-shows* del día anterior.
   a. Avisar a la gobernanta de las salidas.
   c. Comprobar los cargos facturados a los clientes.
   b. Atender al cliente en su registro.

<u>**c.**</u> Realizar una copia de seguridad.

<u>**b.**</u> Atender las posibles salidas tardías.

5. **Rellene los huecos de las siguientes frases.**

El departamento de recepción está formado por varios sub-departamentos interrelacionados entre sí: reservas, **mostrador, facturación, caja,** créditos, telefonía y **conserjería.**

El organigrama **matriarcal,** es la combinación de la división por **departamentos,** y la división por **funciones** o actividades.

6. **De las siguientes frases, indique cuál es verdadera o falsa.**

   a. En las organizaciones descentralizadas, la toma de decisiones se delega en la medida de lo posible, en los responsables de departamentos, los cuales disponen de cierta libertad para la toma de decisiones.

      ☑ **Verdadero**
      ☐ Falso

   b. En las organizaciones descentralizadas, las decisiones suele tomarlas el director del hotel.

      ☐ Verdadero
      ☑ **Falso**

   c. En la organización formal, el personal colabora entre sí para la consecución de unos objetivos comunes y ya determinados con anterioridad por el responsable.

      ☑ **Verdadero**
      ☐ Falso

   d. La organización formal es un tipo de organización muy simple y de estructura piramidal, donde hay líneas directas de autoridad entre superior y subordinados.

      ☐ Verdadero
      ☑ **Falso**

e. La organización informal es un tipo de organización que se basa principalmente en dividir el trabajo en distintos grupos de funciones o actividades y encomendarle cada uno de esos grupos a un mismo departamento.

☐ Verdadero
☑ **Falso**

f. El jefe de recepción revisa los informes.

☑ **Verdadero**
☐ Falso

g. El jefe de recepción apoya al personal en la solución de problemas.

☑ **Verdadero**
☐ Falso

h. El jefe de recepción es el encargado de atender las entradas y salidas de clientes.

☐ Verdadero
☑ **Falso**

i. El jefe de recepción es el encargado del departamento y del personal.

☑ **Verdadero**
☐ Falso

j. El jefe de recepción es el responsable de definir las políticas de la dirección.

☐ Verdadero
☑ **Falso**

7. ¿Qué circunstancias se deben tener en cuenta a la hora de determinar el número de componentes de un determinado departamento?

- Los servicios que se ofrecen.
- El mercado al que va dirigido.
- El nivel de tecnología de la empresa.
- La capacidad de las personas involucradas.

8. **¿Cuáles son los principales requisitos que un hotel debe cumplir para que pueda ser utilizado por personas de movilidad reducida o incapacitados?**

I Un escalón o desnivel es una barrera para el paso.

I Las puertas deberán cumplir un ancho mínimo de 80 centímetros con un sistema de apertura que debe ser fácil.

I El mostrador de recepción deberá disponer de una zona adaptada a personas con silla de rueda.

I Los ascensores deberán tener botones de aviso a una altura entre 90 y 120 centímetros.

I Los pasillos deben tener un ancho mínimo de 120 centímetros y deben permitir la realización de un giro de 150 centímetros de diámetro.

I El suelo del hotel deberá ser de un material no deslizante.

I En las habitaciones deberá haber espacio suficiente.

I Los enchufes e interruptores, deberán estar situados a un altura entre 50 y 100 centímetros.

I Tanto los aseos deben tener un espacio suficiente como para permitir un giro de 150 centímetros.

I El inodoro debe ser especial para este tipo de personas.

I Las duchas deberán tener suelo continuo con el resto del cuarto de baño, sin ningún tipo de desnivel y antideslizante.

Solucionario Capítulo 2

1. De los subdepartamentos de alimentos y bebidas, ¿cuál de ellos no tiene atención directa con el cliente?

   a. Economato
   b. Bar
   c. Restaurante
   d. *Room-service*

2. El aparato que está compuesto de una resistencia eléctrica que desprende calor de manera constante y se utiliza para calentar los platos antes de que salgan al comedor se llama...

   a. ... marmitón.
   b. ... salamandra.
   c. ... economato.
   d. ... *office.*

3. El establecimiento con piscinas y zonas acuáticas que, usando como base el agua, ofrece tratamientos de relajación, se denomina...

   a. ... *acqua gym.*
   b. ... spa.
   c. ... *jogging.*
   d. ... cronoterapia.

4. Relacione los siguientes tipos de combustible.

   a. Sólidos
   b. Líquidos
   c. Gaseosos

   b. Queroseno
   a. Carbón
   c. Butano
   b. Gasolina
   a. Turba

5. **Relacione las instalaciones deportivas más comunes con los distintos tipos de hoteles.**

      a. Pocas instalaciones
      b. Muchas instalaciones

      b. Hotel vacacional
      a. Hotel de paso
      b. Hotel grande
      a. Hotel pequeño
      a. Hotel en zona de clima favorable
      a. Hotel de 1, 2 y 3 estrellas

6. **Rellene los huecos de las siguientes frases.**

El departamento de alimentos y bebidas está compuesto por varios subdepartamentos, según el tipo de hotel, la categoría y el tamaño. Los distintos subdepartamentos son: **cocina**, **restaurante**, bar, **economato**, alquiler de **salones** y *room-service.*

Se puede definir la organización del departamento de restaurante como una organización básicamente **vertical** en la que las tareas son designadas y revisadas por el **jefe de sala** o *maître,* que a su vez, deberá dar cuentas a su superior.

7. **De las siguientes frases, indique cuál es verdadera o falsa.**

      a. El *maître* es el encargado de organizar, planificar y distribuir el trabajo, según las necesidades del departamento.

        ☑ **Verdadero**
        ☐ Falso

      b. El jefe de rango es el encargado de planificar los turnos de trabajo y vacaciones del personal.

        ☐ Verdadero
        ☑ **Falso**

      c. El *maître* es el encargado de tomar la comanda.

        ☑ **Verdadero**
        ☐ Falso

d. El segundo *maître* ayuda al *maître* del hotel y lo sustituye en caso de ausencia de éste.

     ☑ **Verdadero**
     ☐ Falso

e. El *maître* es el encargado de la supervisión de una zona determinada del restaurante.

     ☐ Verdadero
     ☑ **Falso**

f. El *office* es la zona de comunicación entre el comedor y la cocina.

     ☑ **Verdadero**
     ☐ Falso

g. La puerta principal debe estar vigilada por el *maître* y los camareros.

     ☑ **Verdadero**
     ☐ Falso

h. El comedor es donde están las mesas.

     ☑ **Verdadero**
     ☐ Falso

i. La zona del restaurante que se divide en rangos es el *office*.

     ☐ Verdadero
     ☑ **Falso**

j. La zona donde se recibe al cliente en un restaurante se llama comedor.

     ☐ Verdadero
     ☑ **Falso**

8. ¿Cuáles son las principales fuentes generadoras de electricidad y como la obtienen?

Las principales centrales generadoras de electricidad son:

I   Centrales termoeléctricas: producen electricidad mediante el calor. Puede producirse por combustibles fósiles (petróleo, gas natural o carbón), pero es cada vez menos usada entre otros motivos por el riesgo medioambiental, el agotamiento de las reservas y el precio.
I   Centrales hidroeléctricas: producen electricidad mediante el agua que se encuentra en una presa que fluye sobre una tubería y mediante turbinas hidráulicas es convertida en energía eléctrica.
I   Centrales eólicas: produce electricidad por la acción del viento sobre una turbina que gira produciendo energía eléctrica.
I   Centrales solares: producen electricidad a través de la incidencia de los rayos solares sobre una placa solar que ha sido diseñada para transformar estos en energía eléctrica.

9. ¿Cuáles son las distintas zonas que se pueden encontrar en un bar?

I   Zona de *office,* con el lavavasos
I   Zona de preparación de los platos fríos y combinados, etc.
I   Cafetera
I   Fregadero
I   Botellería
I   Caja

Solucionario Capítulo 3

1. **¿Cuál de los siguientes procesos no corresponde al _front-office?_**

    a. Reserva.
    b. Registro de clientes.
    c. Estadísticas de ocupación.
    d. Bloqueo y desbloqueo de habitaciones.

2. **Rellene los huecos de las siguiente frases:**

En el área de gestión, están incluidos todos los procesos del área comercial, administración, **contable** y **operacional** de un sistema de gestión hotelera.

Los principales procesos que intervienen en un sistema informático de gestión hotelera, se agrupan en cuatro grandes áreas relacionadas entre sí: **gestión**, ofimática, **inmótica** y **comunicaciones.**

La información para la confección del listado de control de habitaciones se obtiene de las **reservas** y **fichas de clientes** (donde vienen reflejadas las fechas de entrada y salida y la habitación que ocupan), la **emisión de facturas** (que indica que un cliente ya ha abandonado el hotel) y el **control de la gobernante.**

3. **La acción de usar variables que sirvan para identificar los distintos elementos mediante su valor y la capacidad de tener todos los mecanismos internos necesarios para adaptarse a las necesidades del usuario se llama...**

    a. ... ofimática.
    b. ... comunicaciones.
    c. ... parametrización.
    d. ... estadísticas.

4. **Relacione los grupos de departamentos con las actividades o tareas.**

    a. _Front-office_
    b. _Back-office_

    b. Contabilidad
    b. Gestión de habitaciones

a. Reservas

a. Registro de clientes

5. De las siguientes frases, indique cuál es verdadera o falsa.

Las principales aplicaciones dentro del *front-office* son:

a. Conexión automática con reservas.

☑ **Verdadero**
□ Falso

b. Producción por cargos entre fechas.

□ Verdadero
☑ **Falso**

c. Reparto automático de cargos.

□ Verdadero
☑ **Falso**

d. Asignación de habitaciones.

☑ **Verdadero**
□ Falso

e. Listado de llegada y salidas.

☑ **Verdadero**
□ Falso

6. Seleccione si las siguientes afirmaciones son verdaderas o falsas.

Las principales aplicaciones dentro del *back-office* son:

a. Gestión de tesorería.

☑ **Verdadero**
□ Falso

b. Listado de *rooming list.*

☐ Verdadero
☑ **Falso**

c. Captura automática de los documentos identificativos.

☐ Verdadero
☑ **Falso**

d. Estadística de ocupación por tarifas y tipo de habitación.

☑ **Verdadero**
☐ Falso

e. Apertura y cierre de líneas telefónicas.

☐ Verdadero
☑ **Falso**

7. ¿Qué es el planning de reservas y qué información debe contener?

El planning de reservas es un instrumento de previsión de venta de habitaciones para épocas determinadas. Se diseña de forma gráfica para que sea fácil su consulta y se pueda obtener información inmediata del estado de las habitaciones. El *planning* de reservas no solo nos permite consultar las habitaciones, sino que también nos permite realizar reservas, confirmarlas o incluso cancelarlas directamente. El *planning* debe indicar la siguiente información:

- Número de habitaciones ocupadas previstas para cada día del año.
- Número de habitaciones libres para ser reservadas.
- Desglose de las habitaciones disponibles según el tipo de habitación.
- Control de las habitaciones de grupo.

8. ¿Qué es el listado de control de habitaciones?

El listado de control de habitaciones es una representación gráfica del rack de habitaciones, donde se indican las habitaciones que tiene el hotel y el estado en el que se encuentran: libre, sucia, ocupada, bloqueada, limpia, etc. La información para la confección del listado de control de habitaciones se obtiene de las reservas y fichas de clientes (donde vienen reflejadas las fechas de entrada y salida y la habitación que ocupan), la emisión de facturas (que indica que un cliente ya ha abandonado el hotel) y el control de la gobernanta.

Solucionario Capítulo 4

1. ¿Cuál de las siguientes opciones no es un tipo de reserva?

    a. Clientes habituales
    b. Reservas anticipadas
    c. Grupos
    d. Clientes VIP

2. ¿Cuál de las siguientes funciones no pertenece al departamento de recepción?

    a. Proporcionar información sobre el horario de las excursiones del grupo.
    b. Proporcionar información sobre los servicios del hotel.
    c. Proporcionar información turística sobre la ciudad.
    d. Proporcionar información sobre médicos y farmacias de guardia.

3. ¿Cuál de los siguientes datos no aparecen en el slip?

    a. Número de habitación
    b. Nombre del cliente
    c. Fecha de entrada
    d. Forma de pago

4. Relacione los diferentes colores del rack y las distintas situaciones en las que se pueden encontrar las habitaciones, sabiendo que algún color puede corresponder con más de un tipo de habitación:

    a. Libre
    b. Ocupada

   a y b. Verde
   a y b. Blanco
     a. Amarillo
     a. Rojo

5. Complete las siguientes frases:

Las operaciones con moneda extranjera son básicamente dos: **cambio de moneda extranjera** y **pago con moneda extranjera**.

A la hora del cambio de moneda u operaciones con moneda extranjera, se tiene que tener en cuenta que existen dos tipos de moneda: **efectivo** y **cheques de viaje**.

6. **De las siguientes frases, indique cuál es verdadera o falsa.**

Las principales tareas del turno de noche son:

a. Comprobar las llegadas pendientes y las habitaciones asignadas.

☑ **Verdadero**
☐ Falso

b. Control con la gobernanta.

☐ Verdadero
☑ **Falso**

c. Cuadrar y cerrar el libro de llegadas y salidas.

☑ **Verdadero**
☐ Falso

d. Entregar mensajes a los clientes.

☐ Verdadero
☑ **Falso**

e. Listado de llegadas y salidas.

☑ **Verdadero**
☐ Falso

7. **De las siguientes frases, indique cuál es verdadera o falsa.**

Las principales aplicaciones de la tarjeta de registro son:

a. Solicitar una copia de la llave.

☑ **Verdadero**
☐ Falso

b. Abrir la puerta del hotel por la noche.

☐ Verdadero
☑ **Falso**

c. Como contrato de alojamiento.

☑ **Verdadero**
☐ Falso

d. Para al envío del equipaje a la habitación.

☐ Verdadero
☑ **Falso**

8. ¿Cuáles son las principales razones por las que se realizan las estadísticas?

a. Establecer ratios de producción con respecto al número de clientes, número de habitaciones, número de empleados a fin de mejorar los datos de producción del hotel.
b. Estudio de medias de ocupación.
c. Estudio de las opiniones de los clientes, a fin de mejorar el servicio.
d. Preparación de la "Estadística de establecimientos hoteleros" que se enviará al Instituto Nacional de Estadística y a la Secretaría General de Turismo, sobre la entrada de clientes extranjeros por nacionalidad.
e. Fijar porcentajes de ocupación y comparar los resultados reales con los previstos.

9. ¿Cuáles son los principales pasos para una buena recepción?

▪ Es muy importante que al ver a un cliente se sonría.
▪ Deben darse los buenos días y hablar directamente al cliente mirándole a los ojos.
▪ Prestar atención al cliente. No hay nada peor que hablar con alguien que parece que no está mostrando suficiente atención.
▪ Una vez se conozca el nombre del cliente, se deberá llamarlo por su nombre cada vez que esa posible.
▪ Si es un cliente habitual, se debería reconocer y saludar de manera especial, dándole la bienvenida de nuevo.
▪ Se debe hablar poco, lo suficiente. El cliente podría estar cansado y con ganas de llegar a la habitación.
▪ Mantener la privacidad de los datos del cliente.

▌ Si hay clientes esperando para ser atendidos, se debería saludarlos y decirles que serán atendidos lo antes posible.

Solucionario Capítulo 5

1. **¿Cuál de las siguientes afirmaciones no es correcta?**

   a. Las ventas a crédito se imputan a la factura general del cliente.
   b. En las ventas abonadas mediante tarjeta de crédito se apunta el cargo en la cuenta correspondiente.
   c. En las ventas abonadas mediante tarjeta de crédito se apunta el abono por medio de comisiones y créditos.
   d. **Las ventas a crédito se imputan en la factura de créditos.**

2. **Relacione las distintas funciones del departamento de mano corriente con el sistema utilizado.**

   a. Sistema manual
   b. Sistema mecanizado
   c. Sistema informatizado

   a. Asientos contables en hoja de mano corriente
   b. Asientos contables en facturas generales
   c. Asientos contables automatizados
   c. Auditoría nocturna
   b. Cargos y abonos
   a. Cuadre en la hoja de mano corriente

3. **Rellene los huecos de las siguientes frases:**

   Una cuenta es un medio contable mediante el cual se divide el **activo** el, **pasivo** y el **capital,** y se agrupa siguiendo unos criterios de afinidad.

   Del mismo modo que se realiza un cuadre de caja, también se debe realizar un **arqueo** de **la moneda extranjera** y comprobar que los billetes comprados se corresponden con el efectivo saliente de caja.

   En la liquidación de **cobros** se incluyen todas las gestiones de cobro de facturas por **créditos,** es decir, incluye todas las facturas que finalmente se han pagado.

4. **Relacione cada subdepartamentos con las distintas tareas que se desarrollan en él.**

   a. Caja
   b. Mano corriente

   a. Cobro de facturas
   b. Facturar
   a. Cambio de monedas
   b. Cálculo de comisiones y deducciones

5. **De las siguientes frases, indique cuál es verdadera o falsa.**

   a. El bono de depósito es el bono por el cual el cliente paga un depósito a la agencia de viajes como garantía de reserva.

   ☑ **Verdadero**
   ☐ Falso

   b. El bono de depósito es un tipo de bono que únicamente tiene valor como confirmación de reserva.

   ☐ Verdadero
   ☑ **Falso**

   c. Los bonohoteles son expedidos por las agencias de viaje.

   ☐ Verdadero
   ☑ **Falso**

   d. El bono de crédito total, es un tipo de bono por el cual la agencia de viajes se hace responsable del pago del total de la factura.

   ☑ **Verdadero**
   ☐ Falso

6. ¿Cuántas copias suele tener un bono y para qué sirve cada una?

Los bonos suelen tener tres copias:

1. Original: para el cliente. En el original no se suele incluir ni el precio de los servicios, ni el importe de la comisión. Se le entrega al cliente y este a su vez, lo entregará al hotel como medio de pago.

2. Copia para el hotel. La agencia de viajes la suele enviar por fax al hotel una vez hecha la reserva para que quede constancia por escrito.

3. Copia para la agencia. Se adjuntará al expediente del cliente en la agencia.

7. ¿Qué es lo que debe comprobarse a la hora de cobrar a un cliente mediante una tarjeta de crédito?

1. Que el hotel tenga contrato con la empresa de la tarjeta de crédito.

2. Que la tarjeta no se encuentre caducada.

3. Que el titular de la tarjeta sea el propio cliente.

8. ¿Cuáles son los distintos tipos de pago por crédito? Tarjeta, personales, empresas y bonos.

- Tarjeta
- Personales
- Empresas
- Bonos

Solucionario Capítulo 6

1. **En caso de emergencia, ¿cuál de las siguientes opciones no es aconsejable?**

   a. Bajar por las escaleras
   b. Usar las puertas de emergencia
   c. Coger los ascensores
   d. Recorrer los pasillos

2. **¿Para cual de las siguientes emergencias no está diseñado un Plan de emergencias?**

   a. Robos
   b. Incendios
   c. Explosiones
   d. Tornados

3. **Rellenes los huecos de las siguientes frases:**

   La seguridad consiste básicamente en tres aspectos: **prevención**, disuasión y **control**.

   Todo empleado que descubra un incendio deberá dar la alarma al **centro de comunicaciones** y posteriormente a **los bomberos,** especificando el problema y el lugar donde se ha originado el incendio, asegurándose de que su mensaje ha sido recibido correctamente.

   En los casos de siniestro, una buena **educación** y principalmente unos **valores** y **principios éticos,** claramente definidos ayudan tanto en la prevención como en la resolución.

4. **El conjunto de medidas adoptadas para reducir el riesgo y garantizar en la medida de lo posible la seguridad de las personas y las cosas se llama...**

   a. ... protección.
   b. ... prevención.
   c. ... detección.
   d. ... evacuación.

5. De las siguientes frases, indique cuál es verdadera o falsa.

a. Los termovelocimetros no se recomiendan para los hoteles.

☐ Verdadero
☑ **Falso**

b. El detector óptico de llama de hidrógeno se usa tanto para interiores como exteriores.

☑ **Verdadero**
☐ Falso

c. Las alarmas de calor junto con las de humo son las más recomendadas para las cocinas.

☑ **Verdadero**
☐ Falso

d. Iónicos de humo. No son muy utilizados porque no son muy rápidos.

☐ Verdadero
☑ **Falso**

6. Dentro de un hotel existen ciertas zonas de riesgo que hay que tener en cuenta a la hora de tomar las medidas de prevención, ¿cuáles son?

Instalaciones eléctricas, cocinas, almacén, calderas, fumadores, productos inflamables, obras.

7. ¿Cuáles son las instalaciones básicas de las que se dota un hotel en cuestión de seguridad?

Un mejor alumbrado, central de alarmas, cerraduras electrónicas, cajas fuertes, CCTV, personal de seguridad.

8. ¿Cuáles son las principales medidas de seguridad a tomar por los empleados?

El personal deberá procurar controlar a los clientes y personas externas que se encuentren en el hotel. Ante la mínima sospecha se deberá avisar a los Cuerpos de Seguridad. El departamento de pisos se encargará de comprobar que las puertas y ventanas están cerradas y las llaves en su sitio, así como de avisar en caso de alguna anomalía.

Gestión de protocolo

Solucionario Capítulo 1

1. **Complete las siguientes frases:**

   El protocolo se puede definir como un conjunto de **normas** y técnicas de **usos** y **costumbres**.

   Los actos organizados por las Cámaras legislativas, el Ejército, el Poder Judicial y las Corporaciones públicas, se denominan actos **oficiales** de **carácter especial**.

2. **De las siguientes frases, indique cuál es verdadera o falsa.**

   a. El protocolo social existe desde que existen las clases sociales.

   ☑ **Verdadero**
   ☐ Falso

   b. El protocolo social existe desde la Edad Media.

   ☐ Verdadero
   ☑ **Falso**

   c. El protocolo empresarial existe desde la Revolución industrial.

   ☑ **Verdadero**
   ☐ Falso

   d. El protocolo empresarial existe desde la Edad Media.

   ☐ Verdadero
   ☑ **Falso**

3. **Cite dos ejemplos de normas de comportamiento de la antigüedad.**

   Código de Hammurabi y jeroglíficos del antiguo Egipto.

4. **Indique cuáles son los distintos tipos de protocolo según la naturaleza de su función.**

   Estructural, de gestión y de atención y asesoramiento personal.

5. **Indique cuál de las siguientes normas de protocolo no era típica en la época de la creación de la corte:**

   a. Tratamiento del rey y militares.
   b. Control de los actos a los que acudía el rey.
   c. Reglas para solicitar audiencia real.
   d. **Control de los actos organizados por las Cámaras legislativas.**

6. **El protocolo de los actos de sociedad y familiar que no se consideran actos públicos, se denomina...**

   a. ... protocolo oficial.
   b. **... protocolo social.**
   c. ... protocolo empresarial.
   d. ... protocolo diplomático.

Solucionario Capítulo 2

1. El organismo, público o privado que persigue la realización de unos fines o propósitos comunes es:

    a. Ente.
    b. Institución.
    c. Gabinete.
    d. Estado.

2. Indique cuál de las siguientes funciones no es propia de un gabinete de relaciones públicas de una institución.

    a. Labores de información.
    b. Atención a clientes.
    c. Representación de la institución.
    d. Entrega de premios.

3. Las formas de aplicación de las reglas o normas de protocolo se llama:

    a. Celebración.
    b. Protocolo institucional.
    c. Protocolo social.
    d. Ceremonial.

4. Relacione.

    a. Protocolo institucional.
    b. Protocolo empresarial.
    c. Protocolo internacional.

    c. Conferencia diplomática.
    a. Apertura de la legislatura.
    a. Inauguración colegio.
    b. Convención anual.

5. **Indique si son verdaderas o falsas las siguientes afirmaciones:**

a. El protocolo de la vestimenta en el ámbito empresarial es uniforme en todas las empresas.

   ☐ Verdadero
   ☑ **Falso**

b. No existe ningún tipo de protocolo de vestimenta en el ámbito empresarial.

   ☐ Verdadero
   ☑ **Falso**

c. El protocolo de la vestimenta en el ámbito empresarial varía según la empresa.

   ☑ **Verdadero**
   ☐ Falso

d. El protocolo de la vestimenta en el ámbito empresarial vendrá estipulado en las normas internas de la misma.

   ☑ **Verdadero**
   ☐ Falso

e. Al organizar una reunión, la persona de menor categoría profesional debe desplazarse para visitar a la de mayor categoría.

   ☐ Verdadero
   ☑ **Falso**

f. Al organizar una reunión, la persona de menor categoría debe desplazarse para visitar a la de mayor categoría.

   ☑ **Verdadero**
   ☐ Falso

g. Al entrar una persona en una sala de reunión, no es necesario levantarse.

   ☐ Verdadero
   ☑ **Falso**

h. Al entrar una persona en una sala de reunión, si se está hablando por teléfono, se deberá dejar la conversación inmediatamente.

☐ Verdadero
☑ **Falso**

6. **Dentro de las normas generales de los organismos internacionales se encuentran las siguientes:**

a. Tiene derecho a que se le reconozca personalidad y capacidad jurídica.

☑ **Verdadero**
☐ Falso

b. Tiene poder para establecer las normas protocolarias que estime, cualesquiera que sean.

☐ Verdadero
☑ **Falso**

c. Tiene poder para establecer la precedencia de sus integrantes.

☑ **Verdadero**
☐ Falso

d. Tiene poder para establecer la precedencia de las banderas, tanto oficiales, como propias.

☐ Verdadero
☑ **Falso**

7. **¿Cuáles son las principales reglas de oro del protocolo empresarial?**

Presencia, conocimiento de las categorías sociales, dominio, conocimiento de las limitaciones, seguridad y respeto.

8. **Complete la siguiente frase:**

En un organismo internacional, en el caso de establecer una sede permanente en un determinado país, se firmará un **acuerdo bilateral,** denominado acuerdo de sede, donde se indican las condiciones operativas de la misma.

Solucionario Capítulo 3

1. **De las siguientes frases, indique cuál es verdadera o falsa.**

   a. En un banquete, el *maître* debe acompañar a todos los invitados a la mesa.

      ☐ Verdadero
      ☑ **Falso**

   b. En un banquete, el *maître* debe acompañar solo a los invitados de honor a la mesa.

      ☑ **Verdadero**
      ☐ Falso

   c. En un banquete, el lugar de colocación de los invitados es libre.

      ☐ Verdadero
      ☑ **Falso**

   d. En un banquete, el lugar de colocación de los invitados viene determinado por el organizador.

      ☑ **Verdadero**
      ☐ Falso

   e. El chaqué es un traje de chaqueta normal, con los pantalones grises y la chaqueta negra.

      ☐ Verdadero
      ☑ **Falso**

   f. A una boda se debe ir siempre con vestido largo, ya que es más elegante.

      ☐ Verdadero
      ☑ **Falso**

   g. A una boda es debe ir siempre con pamela.

      ☐ Verdadero
      ☑ **Falso**

h. Si el novio va con chaqué, los invitados también deben ir todos con chaqué.

☐ Verdadero
☑ **Falso**

i. Los zapatos del novio tienen que ser oscuros y con cordones.

☑ **Verdadero**
☐ Falso

2. Relacione.

a. Eventos privados.
b. Eventos públicos.

a. Banquete.
b. Convención.
b. Cóctel.
a. Boda.
b. Feria de muestras.

3. Un bautizo deberá siempre celebrarse...

a. ... de día.
b. ... por la mañana.
c. ... por la tarde.
d. ... da igual la hora.

4. ¿Qué no debe llevar una niña en su vestido de comunión?

Muchos volantes, guantes ni velo.

5. Indique cómo no deben ir vestidos los niños el día de su comunión.

De almirante o marinero.

6. ¿Cuál es la diferencia entre cóctel y recepción?

La recepción es un acto oficial.

7. **Indique al menos cinco normas de cortesía en la mesa.**

- Masticar sin hacer ruido.
- No hablar con la boca llena.
- No llenar mucho la boca.
- Llevarse la comida a la boca y no al revés.
- La servilleta se coloca sobre las piernas.
- No apoyar los codos en la mesa.
- No llenar mucho la cuchara.
- El caldo en taza se bebe directamente de la taza y no se utiliza cuchara.
- La cuchara sopera se deja en el plato.
- No se debe rebañar hasta dejar el plato limpio.
- Antes de beber agua, hay que limpiarse la boca.
- El pescado no se corta con cuchillo, sino con pala de pescado.
- Los espárragos y el huevo no se cortan nunca con cuchillo.
- El pan se corta con las manos.
- No se debe decir que no a nada. Es mejor tomar un poquito para no ofender.
- No se deben separar los brazos del cuerpo.
- Los cubiertos al acabar se dejan sobre el plato, cerrados e ligeramente inclinados hacia la derecha.

8. **Complete las siguientes frases:**

El desayuno de trabajo debe durar aproximadamente **una hora**.

El protocolo del desayuno de trabajo es muy sencillo. Hay que tener en cuenta principalmente los **tratamientos**, los **saludos**, las **presentaciones** y la **vestimenta**.

Solucionario Capítulo 4

1. La preferencia o anterioridad que una persona o cosa tiene respecto de otra es:

   a. Presidencia.
   b. Precedencia.
   c. Jerarquía.
   d. Orden.

2. Seleccione si las siguientes colocaciones de las banderas de uso nacional es la correcta:

   a. Bandera nacional - comunidad autónoma - ciudad.
   b. Comunidad autónoma - nacional - ciudad.
   c. Ciudad - nacional - comunidad autónoma.
   d. Nacional - ciudad (la de la comunidad autónoma no hay que ponerla).

3. De las siguientes frases, indique cuál es verdadera o falsa.

   a. Es más importante la categoría personal que el cargo que se ostenta.

   ☐ Verdadero
   ☑ **Falso**

   b. En caso de mismo cargo, tiene preferencia el extranjero.

   ☐ Verdadero
   ☑ **Falso**

   c. Las autoridades que acuden por delegación, no confieren precedencia.

   ☑ **Verdadero**
   ☐ Falso

   d. Los representantes de instituciones oficiales tienen preferencia sobre los privados.

   ☑ **Verdadero**
   ☐ Falso

e. En un coche la persona de mayor rango jerárquico, irá delante, al lado del conductor.

       ☐ Verdadero
       ☑ **Falso**

f. En un coche la persona de mayor rango jerárquico, irá detrás, al lado opuesto del conductor.

       ☑ **Verdadero**
       ☐ Falso

g. En un coche la persona de mayor rango jerárquico, irá detrás, en el lado del conductor.

       ☐ Verdadero
       ☑ **Falso**

h. En un coche la persona de mayor rango jerárquico, irá en el centro, entre los dos siguientes al orden de preferencia.

       ☐ Verdadero
       ☑ **Falso**

4. Relacione.

    a. Tratamiento personal.
    b. Tratamiento impersonal.
    c. Tratamiento escrito.
    d. Tratamiento por el cargo.

    b. A una institución.
    a. A una persona física.
    c. A través de una comunicación.
    d. Según el cargo que desempeña.

5. Relacione los distintos tipos de presidencia.

    a. Simple.
    b. Intercalada.
    c. Doble intercalada.

    b. 6 4 2 1 3 5 7
    a. 1 2 3 4 5 6 7
    c. 3 2 1 P 1 2 3

6. ¿Qué tratamiento corresponde a cada uno de estos cargos?

    a. Sr. Jefe de la Casa Real de Su Majestad el Rey: **Excelentísimo.**
    b. Comandante de Corbeta: **Señor Don.**
    c. Consellers de la Comunidad Autónoma de Valencia: **Honorable.**
    d. Canónigo: **Muy Ilustre Señor.**

7. Distribuya las banderas según lo siguiente:

    a. Si se encuentran en la parte trasera de un salón y son impares.
    4 2 1 3 5 7
    b. Si se encuentran en la parte trasera de un salón y son pares.
    5 3 2 1 2 4 6
    c. Si se encuentran en la puerta del edificio en una única línea.
    5 4 3 2 1 Entrada
    d. Si se encuentran en la puerta del edificio en dos líneas.
    3 2 1 Entrada 1 2 3 4

8. Complete la siguiente frase.

El régimen general de precedencia se distribuye en tres rangos de ordenación: individual, **departamental y colegiado.**

9. Ordene los siguientes tratamientos por jerarquía: Excelentísimo Presidente del Gobierno, Excelentísimo Alcalde de Madrid, Su Alteza Real el Príncipe de Asturias, Señor Alcalde de Alcaudete, Ilustrísimo Alcalde de Sevilla.

Excelentísimo Presidente del Gobierno, Su Alteza Real el Príncipe de Asturias, Excelentísimo Alcalde de Madrid, Ilustrísimo Alcalde de Sevilla y Señor Alcalde de Alcaudete.

Solucionario Capítulo 5

1. La ceremonia por la que dos personas que no se conocían quedan autorizadas para comunicarse entre sí se llama:

    a. Presentación.
    b. Introducción.
    c. Saludos.
    d. Presidencia.

2. ¿Quién es la persona que debe realizar una reverencia ante la Casa Real?

    a. El hombre.
    b. La mujer.
    c. Ninguno de los dos.
    d. Los dos.

3. ¿En qué situación una mujer realiza un besamanos?

    Al saludar a los altos cargos eclesiásticos.

4. ¿Es correcto que una mujer se autopresente?

    Anteriormente estaba mal visto que una mujer se autopresentase y se recurría siempre a una tercera persona, luego, se permitía que una mujer se presentase sobre todo en el ámbito profesional, aunque tras su nombre indicaba con quién estaba casada. Actualmente, sí está bien visto que se autopresente.

5. ¿En qué situación se pueden dar dos hombres un beso?

    Si son familia directa.

6. **Relacione. Alguno de los tratamientos tiene más de una solución.**

    a. Tuteo.
    b. Usted.

    <u>**a.**</u> Entre jóvenes
    <u>**b.**</u> Por norma general.
    <u>**b.**</u> Si no se conoce a la otra persona.

7. **Relacione. Algún tipo de saludo tiene más de una solución.**

    a. Apretón de manos.
    b. Besos.
    c. Besamanos.

    <u>**a.**</u> Entre hombres.
    <u>**a, b y c.**</u> Entre hombres y mujeres.
    <u>**a.**</u> Entre mujeres.

8. **De las siguientes frases, indique cuál es verdadera o falsa.**

    a. Hay que descubrirse la cabeza tanto hombres como mujeres.

        ☐ Verdadero
        ☑ **Falso**

    b. Solo tienen que descubrirse la cabeza los hombres.

        ☑ **Verdadero**
        ☐ Falso

    c. Hay que quitarse los guantes, tanto hombres como mujeres.

        ☑ **Verdadero**
        ☐ Falso

    d. Solo tienen que quitarse los guantes los hombres.

        ☐ Verdadero
        ☑ **Falso**

e. Siempre se presenta el hombre a la mujer.

☐ Verdadero
☑ **Falso**

f. Siempre se presenta el de mayor edad al de menor edad.

☐ Verdadero
☑ **Falso**

g. Siempre se presenta el de menos edad al de mayor edad.

☑ **Verdadero**
☐ Falso

h. Si el señor es mayor y la mujer joven, entonces ella será presentada a él.

☑ **Verdadero**
☐ Falso

9. **Complete la siguiente frase:**

La forma de saludo más afectuoso entre personas es el **abrazo.**

Solucionario Capítulo 6

1. **Rellene las siguientes frases:**

   El trozo de tela grueso y afelpado que se usa para proteger la mesa, para amortiguar el ruido y para que el mantel no se mueva demasiado, se llama **muletón** o **bajo mantel**.

   El folleto donde se enumeran los platos y bebidas que se van a consumir y servir durante la comida se llama **minuta**.

   En el sistema de presidencia **francesa** las presidencias se sitúan en el centro de la mesa, mientras que en el sistema de presidencia **inglesa**, las presidencias se sitúan en los extremos.

2. **¿Cuáles son los tipos de comedores que existen?**

   Clásico, moderno, en forma de margarita o estrella, mixto, con doble presidencia y compartimentado.

3. **Indique si las siguientes afirmaciones son verdaderas o falsas:**

   a. Las pinzas del marisco deben colocarse arriba, donde los cubiertos del postre.

   ☐ Verdadero
   ☑ **Falso**

   b. Los cubiertos del postre se deben colocar arriba y por este orden, de dentro hacia fuera: cuchillo, tenedor y cuchara.

   ☑ **Verdadero**
   ☐ Falso

   c. Se deben colocar siempre dos platos en la mesa, o bien uno llano y otro hondo (si el primer plato es una sopa), o bien dos llanos (si el primer plato se sirve en un plato llano).

   ☐ Verdadero
   ☑ **Falso**

d. La copa de agua es de tamaño igual o mayor que la de vino.

    ☑ **Verdadero**
    ☐ Falso

e. Tanto los camareros como el *maître* deben ir con el mismo uniforme, bien con chaqueta, bien con chaleco.

    ☐ Verdadero
    ☑ **Falso**

f. El uniforme de camarero deberá incluir unos guantes para atender las mesas en todo momento.

    ☐ Verdadero
    ☑ **Falso**

g. El uniforme de los camareros y *maîtres* suele distinguirse para diferenciarse unos de otros.

    ☑ **Verdadero**
    ☐ Falso

h. En las celebraciones oficiales de gran gala, el uniforme de los camareros es el esmoquin.

    ☐ Verdadero
    ☑ **Falso**

4. Relacione.

Las distintas tareas con el personal encargado de realizarlas.

    a. *Maître.*
    b. Sumiller.
    c. Camarero.

    b. Recomendación del vino.
    a. Recomendación de los platos.
    c. Preparar las mesas.
    a. Tomar la comanda.

Las distintas características con los diferentes tipos de mesa. Algunas características son de más de un tipo de mesa.

    a. Imperial.
    b. Cuadrada.
    c. Redonda.
    d. Rectangular.

    a. Las esquinas redondeadas.
    a. Para más de cincuenta comensales.
    b. Solo en restaurantes y hoteles.
    d. Las cabeceras se ocupan o no, según el tipo de evento.
    a, b, c. Las cabeceras se ocupan siempre.

Los tipos de servicio.

    a. Servicio a la francesa.
    b. Servicio a la inglesa.
    c. Servicio a la rusa.
    d. Servicio directo.

    b. El camarero sirve al cliente de una fuente.
    d. Los platos ya vienen preparados de cocina.
    c. Se prepara en una mesa auxiliar.
    a. El cliente se sirve de una fuente que trae el camarero.

Los distintos eventos con las distintas situaciones.

    a. Vino de honor.
    b. Cóctel.
    c. Desayuno de trabajo.
    d. *Coffee-break.*
    e. Recepción.

    a. Básicamente vino.
    b, e. Vino, otro tipo de bebidas frías y canapés.
    c, d. Café, té, zumo y bollería.

Solucionario 6
Función del mando intermedio en la Prevención de Riesgos Laborales

Solucionario Capítulo 1

1. **Defina el concepto de accidente de trabajo según el artículo 156 de la Ley General de la Seguridad Social.**

   Toda lesión corporal que el trabajador sufre con ocasión o por consecuencia del trabajo que ejecute por cuenta ajena.

2. **Complete la siguiente frase:**

   La gravedad de un riesgo profesional depende de **la posibilidad de que se produzca y de lo severo que pueda ser.**

3. **Se consideran principios generales de la prevención:**

   a. **Adaptar el trabajo a la persona y aplicar la evaluación de la técnica.**
   b. Mirar por la salud de los trabajadores.
   c. Sustituir lo peligroso por lo que no entrañe peligro y aplicar medidas de prevención individual antes que colectiva.
   d. Analizar los riesgos en su desarrollo y no en su origen.

4. **Enumere al menos tres condiciones de seguridad en el trabajo:**

   Características de los locales, la maquinaria, las instalaciones.

5. **Señale cuál de los siguientes conceptos están relacionados con la organización del trabajo.**

   a. **Tareas a efectuar**
   b. Manipulación de cargas
   c. Nivel de atención
   d. **Ritmos de ejecución**
   e. **Horarios**

6. **Rellene los huecos en la siguiente frase:**

La Higiene industrial estudia la **identificación,** valoración y corrección de **factores** físicos, químicos y **biológicos** presentes en el ambiente de trabajo.

7. **Manifieste si está de acuerdo o no con esta afirmación y justifíquelo.**

Se considera accidente de trabajo el sufrido por un recepcionista, al caer de una escalera, cambiando las bombillas de la lámpara del hall de entrada al hotel por expresa indicación de la Dirección.

Se trata de un accidente de trabajo, ya que aunque se ha producido en el desarrollo de una actividad que no le correspondía al trabajador por no coincidir en su categoría ni en sus funciones, había sido indicada su realización por la Dirección de la empresa, tal y como indica el artículo 115 de la Ley general de la Seguridad Social.

8. **¿El capítulo IV de qué Ley desarrolla los servicios de Prevención?**

De la Ley de Prevención de Riesgos Laborales.

Solucionario Capítulo 2

1. **Defina el concepto de Sistema de gestión de la prevención.**

   El conjunto de acciones que permiten un cumplimiento organizado y estructurado de las obligaciones legales en prevención de riesgos laborales.

2. **Enumere al menos tres de las acciones integradoras del mando intermedio.**

   Velar por su salud y seguridad, mediante el cumplimiento de las medidas de prevención establecidas.

   Utilizar correctamente los medios de protección individual que le sean facilitados por la empresa.

   Informar de inmediato de cualquier situación que a su juicio entrañe riesgos.

3. **Complete la siguiente frase:**

   En el apartado **2** del artículo **29** de la ley de prevención de riesgos laborales, se describen las **obligaciones** de los trabajadores en materia de **prevención.**

4. **¿Qué articulo de la ley de prevención de riesgos laborales 31/1995 establece la norma sobre información, consulta y participación en materia de prevención?**

   El artículo 18.

5. **Complete el artículo 19 de la ley 31/1995 LPRL.**

   El **empresario** debe **garantizar** que cada trabajador reciba la **formación**, teórica, práctica **suficiente** y adecuada en relación a la prevención de **riesgos.**

6. **Cite al menos dos de las premisas en las que se basan los instrumentos para la prevención.**

   Conocimiento y control de la normativa.

   Consultas y recomendaciones a los responsables de salud y seguridad, delegados de prevención, etc.

7. **Señale al menos tres de las recomendaciones citadas en el capítulo para la integración de la prevención en el equipo de trabajo.**

   Insistir a nuestros colaboradores de la absoluta importancia de la aplicación de las normas preventivas.

   Hacerles partícipes en la toma de decisiones al respecto.

   Establecer distribuciones de tareas equilibradas, adaptándolas a las capacidades y responsabilidades de los trabajadores a nuestro cargo.

Solucionario Capítulo 3

1. **Señale los tres procesos que deberemos tener en cuenta para el análisis del riesgo.**

   ▪ Identificar los peligros.
   ▪ Evaluar los riesgos
   ▪ Implantar y mantener al día las medidas de control.

2. **La evaluación general de riesgos incluye los siguientes aspectos: clasificación de las actividades de trabajo, análisis de riesgos y valoración de riesgos. ¿Cuáles faltan en esta lista?**

   ▪ Preparación de un Plan de control de riesgos.
   ▪ Revisión del plan.

3. **Complete la siguiente frase:**

   La ley de **Prevención de Riesgos Laborales 31/1995 en** su artículo **23.1** incluye un modelo de formato para la **evaluación general de riesgos laborales.**

4. **Describa brevemente los dos principales métodos de evaluación.**

   Método de lista de chequeo o comprobación. En el que se utilizan unos listados de comprobación donde se contestan a unas preguntas elaboradas de antemano, o simplemente se completa una serie de puntos. Se deben considerar todos los aspectos que puedan afectar a la prevención.

   Método Fine. Que se centra en el nivel de peligrosidad, el nivel de exposición al peligro y la probabilidad de que suceda el accidente.

5. **Cite cuáles son los principales objetivos del registro como documentación preventiva.**

   Facilitar la toma de decisiones.

   Ser la mejor forma de autocontrol del proceso de prevención, estableciendo la correcta retroalimentación.

6. **El análisis y la especificación de todos los riesgos detectados se realiza en la fase de:**

   a. En la propia auditoria presencial.
   b. En la fase anterior a la auditoria.
   c. **En la fase posterior a la auditoria.**

7. **Defina el plan de emergencia.**

   Planificación de acciones y la organización de medios humanos para el empleo óptimo de los medios técnicos previstos con el fin de reducir al mínimo las pérdidas humanas y económicas que se puedan derivar de una situación de emergencia.

8. **Desarrolle al menos cuatro de los consejos necesarios en el plan de evacuación.**

   Al salir de una dependencia incendiada debemos ir cerrando todas las puertas a nuestro paso, con el fin de evitar que el fuego o la explosión se propaguen.

   Avisar a los bomberos de forma inmediata, aunque pensemos que el incendio es de fácil extinción.

   Asegurarnos de que los equipos de emergencia están efectuando su cometido.

   No perder el tiempo en recuperar objetos personales o de valor.

Solucionario Capítulo 4

1. **Señale al menos tres recomendaciones para mantener el orden y la limpieza en el centro de trabajo.**

No sobrecargar estanterías ni zonas de almacenamiento.

Herramientas y utensilios de trabajo deben ser ordenados de forma correcta.

Los deshechos productos del trabajo deben ser depositados en los contenedores destinados a ello.

2. **Complete el siguiente texto.**

La señalización de **emergencia** tiene como finalidad llamar la **atención** de los trabajadores sobre la **existencia** de determinados **riesgos**.

3. **El riesgo y manipulación de productos químicos dependerá de tres factores.**

    a. Tipo de contaminante, tipo de reacción química y tiempo de exposición.
    b. Reacción química, tiempo de reacción y concentración del producto.
    c. Tipo de contaminante, concentración del producto y tiempo de exposición.

4. **Defina brevemente en qué consiste la protección activa frente a incendios.**

Implica actuaciones de forma directa en la utilización de aquellas instalaciones y medios de protección en la lucha contra incendios, tales como extintores, mangueras, pulverizadores.

5. **Por normativa, ¿cuál debe ser la temperatura del lugar de trabajo en oficinas?**

    a. De 20 a 29 ºC
    b. De 19 a 28 ºC
    c. De 17 a 27 ºC
    d. De 16 a 26 ºC

6. **Realice un esquema básico de cuáles son los efectos no auditivos del ruido.**

Efectos no auditivos: cardiovasculares, digestivos, endocrinos respiratorios, visuales y sobre el sistema nervioso general.

7. **¿En qué etapa del sueño se recupera el individuo de la carga física?**

En la primera fase del sueño o sueño profundo.

8. **Defina el concepto de EPI y cite al menos dos para el riesgo de incendio.**

Definíamos EPI o equipo de protección individual como el equipo destinado a ser llevado o sujetado por el trabajador para que le proteja de uno o varios riesgos que puedan amenazar su seguridad o su salud, así como cualquier complemento o accesorio destinado a tal fin.

Los específicos contra incendios pueden ser las máscaras de protección contra incendios, el vestuario ignífugo y la manta térmica.

Solucionario Capítulo 5

1. **Las siglas PAS atienden a:**

   a. Prevenir, atender y salvar.
   b. Proteger, ayudar y socorrer.
   c. Proteger, avisar y socorrer.
   d. Proteger, avisar y salvar.

2. **Señale cuál de las afirmaciones en referencia a la evaluación primaria son correctas:**

   a. Comprobamos si existe pulso carotídeo y si el afectado respira.
   b. Comprobamos las lesiones medulares.
   c. Comprobaremos si se han producido hemorragias y el estado de consciencia.
   d. Comprobando el pulso de vena en la muñeca.

3. **Señale si la afirmación del párrafo inferior está en lo cierto o no.**

   Las quemaduras de tercer grado no duelen.

   ☑ **Verdadero**
   ☐ Falso

4. **Complete la siguiente frase.**

   Un adulto que presenta ambos brazos quemados, presenta un porcentaje del 18% de quemaduras y su pronóstico es **muy grave**.

5. **Describa las hemorragias arteriales.**

   Las hemorragias arteriales se identifican porque la sangre es de color rojo vivo ya que es muy rica en oxígeno, y sale a borbotones o a golpes, coincidiendo con el ritmo cardíaco.

6. **Enumere las medidas a tener en cuenta en caso de intoxicación por inhalación.**

   ■ Sacar al intoxicado al exterior.
   ■ Mantener despejada la vía aérea.
   ■ Trasladarlo al Centro sanitario más próximo.
   ■ Realizar RCP si fuera necesario.

7. **En referencia a la siguiente afirmación elija la opción más correcta.**

   a. Los mandos intermedios deben proporcionar a los clientes aquellos medicamentos que nos soliciten, ya que cuanto mejor sea nuestro trato, mayor será su satisfacción.
   b. **La mayoría de empresas hoteleras no permite que sus recepcionistas den medicamentos a sus huéspedes. No somos farmacias, ni tampoco médicos.**
   c. Los analgésicos, calmantes y antihistamínicos no presentan contraindicaciones.
   d. Cuanto mayor sea el abanico de medicamentos de un hotel, mayor será el campo de aplicación en caso de emergencia.

8. **Defina el concepto de epistaxis.**

   Se conoce como epistaxis a la hemorragia nasal. Puede ser producida por un golpe o un desgaste de la mucosa.

9. **Rellene los huecos vacíos en la siguiente frase.**

   La posición de **Trendelemurg**, es idónea para **transportar** a un afectado por *shock*.

10. **En caso de que un solo reanimador se ocupe de una RCP, ¿cuál debe ser la proporción entre insuflaciones y masajes?**

   De 30 masajes por cada 2 insuflaciones, al repetir el ciclo cuatro veces, comprobaremos si se han recuperado las constantes vitales.

Solucionario 7
Procesos de gestión de departamentos del área de alojamiento

Solucionario Capítulo 1

1. **De las siguientes frases, indique cuál es verdadera o falsa.**

    a. La planificación implica aumentar la incertidumbre.

    ☐ Verdadero
    ☑ **Falso**

    b. La planificación debe basarse tanto en las previsiones de su medio interno como externo.

    ☑ **Verdadero**
    ☐ Falso

    c. Vender con descuento es una estrategia.

    ☑ **Verdadero**
    ☐ Falso

    d. No contratar a personal casado es una norma.

    ☐ Verdadero
    ☑ **Falso**

    e. Toda planificación solo debe responder a dónde queremos llegar.

    ☐ Verdadero
    ☑ **Falso**

2. **Complete las siguientes oraciones.**

    a. La planificación, supone adelantarse y prever **el futuro,** como medio de toma de decisiones, seleccionando, entre una serie de alternativas **los objetivos,** los programas, los presupuestos y directrices del hotel, diseñando **un plan** idóneo para conseguir **los fines** que se han establecido.

b. Los objetivos son el aspecto **práctico** o concreto de los planes, es decir, cómo la empresa pretende alcanzar lo propuesto. Por lo tanto, deben presentarse de forma **operativa.**

c. Uno de los pasos del proceso de control es detectar las posibles **desviaciones** producidas y analizar los **motivos** que la han originado. Y poner, en caso de que fuera necesario, en marcha las acciones **correctivas.**

3. **¿Qué tipos de planes existen si se formulan para toda la organización o no? Descríbalos brevemente.**

Estratégicos, que se aplican a toda la empresa, y los operacionales u operativos, que son los planes que cada área funcional de la empresa desarrolla.

4. **Enumere brevemente las fases del proceso de planificación.**

▪ Determinar y concretar los objetivos.
▪ Establecer las políticas y estrategias.
▪ Establecer los procedimientos, métodos, normas y programas.
▪ Determinar el presupuesto y los recursos humanos y materiales que se van a necesitar.
▪ Establecer medidas para identificar, controlar y corregir posibles desviaciones.

5. **Relacione los siguientes elementos.**

a. Vender sin descuentos.
b. Prohibido fumar.
c. Aumento de las ventas.
d. Tramitación de pedidos.
e. Penetrar en el mercado con precios altos.

c. Objetivo.
a. Política.
e. Estrategia.
d. Procedimiento.
b. Norma.

Solucionario Capítulo 2

1. **De las siguientes frases, indique cuál es verdadera o falsa.**

   a. En la empresas, en primer lugar, se presupuesta, luego se planifica y por último se controla.

      ☐ Verdadero
      ☑ **Falso**

   b. Las etapas de la gestión presupuestaria son: previsión, presupuestos y control.

      ☑ **Verdadero**
      ☐ Falso

   c. El presupuesto es la etapa donde se comparan los registros y anotaciones que se han ido realizando.

      ☐ Verdadero
      ☑ **Falso**

2. **Señale la opción correcta.**

   a. Son objetivos de la gestión presupuestaria prever lo que se cree que sucederá en el ejercicio venidero.
   b. Son objetivos de la gestión presupuestaria mejorar la coordinación inter-departamental.
   c. **Son objetivos de la gestión presupuestaria dar un mayor uso de los recursos.**

3. **Seleccione la opción correcta.**

   a. Los dispositivos de control deben aplicarse antes del desarrollo del presupuesto.
   b. **Los dispositivos de control deben aplicarse durante el desarrollo del presupuesto.**

c. Los dispositivos de control deben aplicarse al finalizar el desarrollo del presupuesto.

4. Relacione los siguientes elementos.

a. Costes totales más beneficio.
b. Ingresos igual a costes totales.
c. Precio que no cubre los costes.

c. Precio de contribución al beneficio.
b. Precio mínimo.
a. Precio base.

5. Complete las siguientes oraciones:

a. La gestión presupuestaria se define como la actividad de la **dirección** de una empresa o administración dedicada a determinar en volumen y **en valor** las previsiones de actividad de la organización en el plazo de **un año**.

b. A través de los diversos **presupuestos** que debe confeccionar la empresa, la dirección obtiene un informe **anticipado,** que le sirven para confiar autoridad y a la vez responsabilidad a niveles inferiores del organigrama, además de ser un excelente **sistema de control** de cada una de esas unidades.

c. El intervalo entre dos **observaciones** no debe ser tan largo que no permita tomar a tiempo las oportunas **medidas correctoras,** ni tan corto que el sistema atienda a desviaciones **no significativas** y resulte innecesariamente costoso.

6. ¿Qué objetivos persigue la gestión presupuestaria?

a. Prever lo que se cree que sucederá en el ejercicio venidero.
b. Prever los acontecimientos a través de información de ejercicios pasados.
c. Exponer los objetivos empresariales.
d. Marcar estándares de medición.
e. Mejorar la coordinación interdepartamental.
f. Enseñar al equipo humano a trabajar en común en busca de los objetivos.
g. Dar un uso racional a los recursos.

7. Enumere y describa brevemente las fases del ciclo presupuestario.

1. Fase de elaboración donde se elaboran los presupuestos para un ejercicio contable.
2. Fase de aprobación donde la dirección de la empresa aprueba los presupuestos presentados por los diferentes departamentos.
3. Fase de ejecución en la que los diferentes departamentos deberán cumplir y aplicar todos los propósitos y previsiones.
4. Fase de control en la cual se verifica si se está cumpliendo lo establecido.

8. ¿Cuáles son los principales presupuestos de explotación?

a. Presupuesto de ingresos.
b. Presupuesto de gastos.
c. Presupuesto de tesorería.
d. Presupuesto de mano de obra, tiempo, material, etc.

9. Un hotel de 100 habitaciones tiene la siguiente situación:

Costes fijos diarios = 3.000 €
Costes variables = 30 % de los ingresos
Porcentaje de ocupación previsto = 80 %

Calcule el precio mínimo o punto muerto.

$I = CT$
$I = Cf + Cv$
Precio unitario x 80 = 3.000 + Precio unitario x 80 x 30 %
80 x P = 3.000 + 24 x P
P (80 − 24) = 3.000
P = 3.000/56
P = 53,57 €

Con un precio de 53,57 € por habitación y una ocupación del 80 %, el hotel obtiene un beneficio nulo.

10. Un hotel dispone de 150 habitaciones, distribuidas en 120 dobles, 20 individuales y 10 dobles con salón y con unos precios de 100 €, 90 € y 150 €. Calcule el *Yield Management* sabiendo que hemos tenido una ocupación del 80 % y una facturación de 10.650 €.

Habitaciones vendidas: 150 x 80 % = 120
Habitaciones máximas: 150
Precio medio ventas: 10.650/120 = 88,75 €

Precio medio potencial:

$$(120 \times 100) + (20 \times 90) + (10 \times 150)/150 = 102 \text{ €}$$

El *Yield* es:

$$120/150 \times 88,75/102 = 69,6 \text{ %}$$

Solucionario Capítulo 3

1. **Relacione los siguientes elementos.**

    a. Crédito Comercial.
    b. Remanentes.
    c. Crédito turístico.
    d. Empréstitos.

    b. Fuentes de financiación propia.
    d. Recursos financieros ajenos a medio y largo plazo.
    a. Recursos financieros ajenos a corto plazo.
    c. Formas especiales de financiación.

2. **Indique si la siguiente frase es verdadera o falsa.**

La rentabilidad de las inversiones de una empresa debe ser menor al interés pagado por las deudas contraídas para acometer tales inversiones.

    ☐ Verdadero
    ☑ **Falso**

3. **¿Qué diferencia existe entre los métodos de selección de inversiones estáticos y dinámicos?**

Los métodos estáticos no tienen en cuenta que los capitales tengan distinto valor en diferentes períodos de tiempo, mientras que los dinámicos sí.

4. **Seleccione la opción correcta.**

    a. Las fuentes de financiación internas son recursos no exigibles por terceros.
    b. **Las fuentes de financiación internas son recursos que han sido generados por la empresa y no distribuidos.**
    c. Las fuentes de financiación internas son aportados por los propietarios o terceros.

5. El *leasing* es:

    a. Un servicio que se contrata con una entidad financiera para adelantar el pago a los proveedores.
    b. Un contrato de alquiler sin opción a compra.
    c. Un contrato de alquiler con opción a compra.

6. ¿Qué ventajas ofrecen las fuentes de financiación propia?

    a. Permiten la autonomía financiera.
    b. Son una fuente de financiación sin coste adicional.
    c. Aumentan la capacidad de endeudamiento, ya que la empresa es más solvente.

7. Señale la opción incorrecta.

Antes de proceder a la elección de las fuentes de financiación, la empresa debe plantearse...

    a. ... qué cantidad de fondos disponibles posee.
    b. ... los costes derivados de cada alternativa de financiación.
    c. ... qué inversiones realizan las empresas de la competencia.

8. ¿Qué características esenciales deben presidir una inversión?

Liquidez, rentabilidad y seguridad.

9. ¿Con qué aplicación informática se pueden calcular los indicadores *Pay Back* o PRI, VAN y TIR?

Con *Microsoft Excel.*

10. De entre los dos proyectos propuestos, A y B, ¿cuál es el más conveniente según el plazo de recuperación?

PROYECTOS	Desembolso inicial	Flujo de fondos en el año				
		1	2	3	4	5
Proyecto A	-15	10	5			
Proyecto B	-15	10	2	9		

Se elegiría el Proyecto A, ya que tiene un plazo de recuperación del desembolso inicial inferior, 2 años, a diferencia del Proyecto B que serían 3 años.

Solucionario Capítulo 4

1. **Relacione los siguientes elementos:**

   a. Coste
   b. Pago
   c. Gasto
   d. Inversión

   b. Supone una salida de dinero.
   d. Se refiere a la adquisición de elementos necesarios para el desarrollo de
      la actividad.
   c. Es un concepto del ámbito externo.
   a. Es un concepto del ámbito interno.

2. **Un hotel tiene 100 habitaciones. El precio de la habitación es de 10 unidades monetarias, sus costes fijos son de 300 unidades monetarias y el coste variable unitario
   es de 5 unidades monetarias. ¿Qué cantidad de habitaciones como mínimo deberá
   vender para encontrar el punto de equilibrio?**

   ▮ PM = CF/p-CVu
   ▮ PM = 300/10- 5
   ▮ PM = 60 unidades como mínimo debería vender.

3. **¿Es lo mismo productividad que producción? Razone su respuesta.**

   No es lo mismo. Producción es la actividad de producir y productividad se refiere al uso
   óptimo que se le están dando a los recursos en una producción.

4. **Complete:**

   a. Los costes fijos, también denominados de **estructura y generales,** son en
      los que incurre la empresa con **independencia** de su producción.

   b. El método de las secciones homogéneas pretende racionalizar los **criterios
      subjetivos,** a través de la división de los diferentes **departamentos** de la
      empresa en secciones homogéneas.

c. El punto de equilibrio es aquella cifra de **ventas** en que la empresa cubre únicamente sus **gastos** con la cifra de ventas, y por tanto no obtiene ni **beneficios** ni sufre **pérdidas**.

5. **Calcule las existencias finales y su valor al día 15 de marzo del año XXXX con el Método Precio Medio Ponderado, sabiendo que se han producido las siguientes entradas y salidas del almacén del artículo "Filetes de lenguado congelado". El inventario inicial a 1 de enero del año XXXX, es de 500 pociones a 5 € cada una.**

Movimiento de almacén frigorífico:

- Día 15-01: salen de cocina 100 unidades.
- Día 31-01: salen de cocina 300 unidades.
- Día 02-02: entran en el almacén congelador 500 unidades a 4 €/unidad.
- Día 15-02: salen de cocina 300 unidades.
- Día 28-02: salen a cafetería 220 unidades.
- Día 01-03: entran en el almacén congelador 700 unidades a 5,50 €/unidad.
- Día 15-03: salen a cocina 300 unidades.

	Unidades	Valor/unidad	Valor Total
Existencias iniciales	500	5 €	2.500 €
Salidas enero	- 400	5 €	2.000 €
Disponibles	100	5 €	500 €
Entradas 02/02	500	4 €	2.000 €
Disponibles	600	4,5 €	2.700 €
Salidas febrero	- 520	4,5 €	2.340 €
Disponibles	80	4,5 €	360 €
Entradas 01/03	700	5,5 €	3.850 €
Disponibles	780	5 €	3.900 €
Salidas 15/03	- 300	5 €	1.500 €
Existencias finales 15/03	480	5 €	2.400 €

6. **¿Qué dos métodos de cálculo de costes existen? Descríbalos brevemente.**

El Método de *full-cost* o del coste pleno total, que considera los costes directos y una parte proporcional de los costes fijos o indirectos.

Y el Método *direct-costing* o coste proporcional o coste marginal, que sólo tiene en cuenta los costes asignables (directos) que además sean variables.

7. **La rentabilidad...**

    a. ... es la diferencia resultante entre la cifra de ingresos alcanzada y el coste de los productos o servicios vendidos.

    b. ... es la pérdida o beneficio obtenido por la empresa en un tiempo determinado.

    c. **... estudia la óptima utilización de los recursos.**

8. **Los Costes variables son:**

    a. **Los que varían con el nivel de producción.**

    b. Aquellos en que incurre la empresa con independencia de su nivel de producción.

    c. Los que fácilmente se pueden asignar o imputar a un determinado producto o departamento.

9. **En el Método FIFO se valoran las salidas...**

    a. ... al precio de las últimas unidades en entrar al almacén.

    b. ... por el precio medio ponderado del total de las existencias en almacén.

    c. **... al precio de las unidades más antiguas del almacén.**

10. El *snack-bar* del Hotel Marina tiene una capacidad máxima de 160 clientes diarios y está abierto durante 364 días al año. Se calcula que el año próximo va a trabajar por término medio a un 70 % de su capacidad y que el precio medio de las comidas va a ser de 20 €. Los costes de mano de obra supondrán un 25 % de los ingresos y los gastos variables el 15 %, el coste de los alimentos el 40 % y los gastos fijos 72.000 €. Calcule el Beneficio antes de impuestos (BAT) previsto para el año.

160 x 70 % = 112 clientes diarios
Ingresos = (112 x 20 €) x 364 días = 815.360 €
Coste mano de obra (25 % Ventas) = 203.840 €
Gastos fijos = 72.000 €
Alimentos (40 % Ventas) = 326.144 €
Gastos variables (15 % Ventas) = 112.304 €
Costes Totales = 642.288 €

$$BAT = 815.360 - 642.288 = 173.072 €$$

11. Diga si es verdadera o falsa la siguiente afirmación:

Toda empresa bien gestionada debe procurar que los gastos fijos sean los menos posibles y aumentar la importancia y el volumen de los costes variables, ya que los costes variables existirán siempre y cuando haya una producción que los necesite.

☑ **Verdadero**
☐ Falso

12. El análisis económico de un hotel arroja los siguientes datos:

Año 1:

▎ Ventas 1.000.000 € (p = 50 € x q = 20.000)
▎ CV = 300.000 € (CVu = 15 x q = 20.000)
▎ CF = 500.000 €

Año 2:

- Ventas 2.000.000 € (p = 50 € x q = 40.000)
- CV = 600.000 € (CVu = 15 x 40.000)
- CF = 500.000 €

Calcule el beneficio obtenido cada año y estudie su apalancamiento operativo.

Apalancamiento operativo =
[(BAIT2 − BAIT1)/ BAIT1] / [(Ventas2 − Ventas1)/ Ventas1]

Apalancamiento operativo = [(900.000 − 200.000)/200.000]/[(2.000.000 − 1.000.000)/1.000.000]

Apalancamiento operativo = 3,5

Año 1	Año 2
Ventas 1.000.000 € - CV → 300.000 €	Ventas 2.000.000 € - CV → 600.000 €
MCV = 700.000 € - CF = 500.000 €	MCV = 1.400.000 € - CF = 500.000 €
BAIT = 200.000 €	BAIT = 900.000 €

Lo que quiere decir que los beneficios han aumentado un 350 % con respecto a la cifra de ventas.

Solucionario Capítulo 5

1. **¿Cuál es la definición de establecimiento de alojamiento turístico?**

   Los establecimientos de alojamiento turístico se definen como aquel tipo de establecimiento que facilita alojamiento, de forma habitual y profesional, con o sin otros servicios complementarios, que está sujeto a clasificación y que, además de tener publicados los precios, percibe dinero en contraprestación por los servicios que presta.

2. **De las siguientes frases, indique cuál es verdadera o falsa.**

   a. Los apartamentos turísticos son establecimientos de alojamiento turístico hotelero.

   ☐ Verdadero
   ☑ **Falso**

   b. Los campamentos de turismo pueden ser de lujo, primera, segunda y tercera categoría.

   ☑ **Verdadero**
   ☐ Falso

   c. La forma de representar gráfica y esquemáticamente la departamentalización de una empresa es lo que se conoce como organigrama.

   ☑ **Verdadero**
   ☐ Falso

   d. El documento en el que se especifican cuantitativa y cualitativamente las características y necesidades de un puesto de trabajo se denomina perfil profesiográfico.

   ☐ Verdadero
   ☑ **Falso**

e. El departamento de recepción se divide en reservas, mostrador, facturación y conserjería.

    ☐ Verdadero
    ☑ **Falso**

3. **Relacione los siguientes elementos referentes a alojamientos turísticos.**

    a. Apartamentos turísticos.
    b. Masías.
    c. Campamentos de turismo.
    d. Hoteles.
    e. Balnearios.

    d. Letra H en color blanco.
    e. Tratamientos termales.
    a. Placa color rojo llama.
    b. Alojamientos rurales.
    c. Alojamientos móviles.

4. **El aprovechamiento por turnos de inmuebles de uso turístico...**

    a. ... supone el ejercicio, transmisión y extinción de la propiedad de bienes inmuebles.
    b. ... atribuye la facultad de disfrutar durante un período inferior a siete días seguidos un bien inmueble.
    c. **... atribuye la facultad de disfrutar un bien inmueble durante un período específico cada año.**

5. **La estructura funcional...**

    a. **... se caracteriza por ejercer la autoridad sobre las actividades y sobre las personas.**
    b. ... es conocida también como lineal.
    c. ... es una estructura moderna.

6. **Es una función de reservas del departamento de recepción el...**

   a. ... registro de clientes.
   b. **... control de depósitos.**
   c. ... control de habitaciones.

7. **¿Cuáles son los departamentos que suelen tener los establecimientos de alojamiento turístico? Enumérelos.**

   Dirección, departamento de alojamiento o habitaciones, departamento de alimentos y bebidas, departamento de mantenimiento, servicios técnicos y seguridad, departamento comercial, departamento de administración y departamento de recursos humanos.

8. **¿Qué se entiende por selección de personal?**

   La selección ha de entenderse como el proceso por el que se elige a una persona, entre otras, considerándola la más idónea para cubrir un determinado puesto de trabajo en una organización concreta.

9. **Complete las siguientes oraciones.**

   Los establecimientos hoteleros son aquellas empresas y establecimientos dedicados de modo **profesional** y **habitual** al alojamiento de personas mediante **precios,** excepto la simple tenencia de huéspedes con carácter estable y los **apartamentos turísticos.**

   El *planning* de reservas es elaborado y utilizado por **reservas** y tiene como objetivo presentar de forma gráfica **la disponibilidad** de plazas de un alojamiento hotelero.

   Según Peña Baztán, el test es el instrumento de **selección** cuyo idéntico contenido, aplicado mediante un sistema normalizado, permite apreciar **las diferencias** que en su resolución producen cuantitativa y cualitativamente los diversos sujetos a los que se aplica, resultados que permiten la comparación entre sí mediante la aplicación de la **estadística matemática.**

10. ¿Qué relaciones se pueden dar entre el departamento de reservas y el de conserjería?

Reservas le informará a conserjería sobre la ocupación prevista y alguna petición de algún servicio especial que hayan solicitado los clientes.

11. ¿Qué es un vale de servicio?

Es el impreso mediante el cual cualquier departamento de venta (bar, cafetería, lavandería, teléfonos, etc.) va a acreditar un consumo realizado por un cliente, no pagado sino cargado en la cuenta de la habitación para ser pagado posteriormente en la factura.

Solucionario Capítulo 6

1. De las siguientes frases, indique cuál es verdadera o falsa.

    a. Todo trabajador que se incorpora por primera vez a una empresa lo hace con mucha seguridad.

        ☐ Verdadero
        ☑ **Falso**

    b. La responsabilidad de cada trabajador termina con la tarea que se le ha asignado.

        ☐ Verdadero
        ☑ **Falso**

    c. El manual de operaciones es una pieza clave del sistema de cualquier empresa, por pequeña que sea su dimensión.

        ☑ **Verdadero**
        ☐ Falso

2. Las retribuciones son información que se da referente a...

    a. ... la cultura de la empresa.
    b. ... las relaciones personales.
    c. **... la política social y laboral.**

3. La organización hotelera se ha caracterizado por:

    a. Estar orientada al cliente.
    b. Estar orientada a la calidad.
    c. **Rigurosas divisiones del trabajo y la responsabilidad.**

4. En un manual de operaciones de pisos se describe...

    a. ... cómo actuar ante *overbooking.*
    b. ... el servicio de cobertura.
    c. ... cómo transferir llamadas.

5. Complete las siguientes oraciones.

    a. El manual de operaciones debe estructurarse por **departamentos,** unidades o centros, detallándose en cada caso su posición dentro de la empresa, su **objetivo** concreto, medios y recursos, **funciones** y actividades, relaciones internas, externas y comerciales y **orden jerárquico** y autoridad.

    b. Un curso de formación es la serie ordenada de **conocimientos** actividades, informes o **ejercicios** que se llevan a cabo en un proceso de instrucción, y que consta normalmente de una **parte teórica** y otra de aplicación de los conocimientos teóricos.

    c. El proceso de fusión consiste en una **socialización** en virtud de la cual un individuo va aprendiendo y aceptando **las normas** de un grupo siendo aceptado a su vez por el resto de **miembros** del grupo.

6. Relacione las siguientes definiciones con los fines inmediatos de la formación:

    a. Transmitir al trabajador los conocimientos necesarios para desarrollar sus funciones con la mayor preparación.
    b. Hacer una persona hábil y experta en un oficio.
    c. Reorientar o potenciar las aptitudes del trabajador para que pueda desarrollar su trabajo en las condiciones más óptimas.
    d. Comunicar todo lo relacionado con la empresa en su ámbito interno y externo.

    c. Educar
    a. Instruir
    b. Adiestrar
    d. Informar

7. **¿Cuáles son las etapas de la dirección de recursos humanos? Enuméralas.**

   a. Planificación.
   b. Reclutamiento.
   c. Selección.
   d. Integración.
   e. Formación.
   f. Evaluación.
   g. Reconocimiento.

8. **¿Cómo se definen los programas de formación?**

   Se definen los programas de formación como el sistema y la distribución de las materias de un curso o asignatura.

9. **¿En qué consiste la técnica *strokes* de motivación?**

   Consiste en dar todos los tipos de atenciones que pueden ser positivas (agradecimientos, abrazos, elogios, etc.), negativas (regañinas, castigos, desprecios, etc.) o en base cero (los comportamientos correctos y poco íntimos).

10. **Enuncie dos de los propósitos de los manuales de operaciones.**

    Aumentar la eficiencia de los empleados, indicándoles lo que deben hacer y cómo deben hacerlo.

    Ayudar a la coordinación de actividades y evitar duplicidades.

11. **¿Cuáles son las funciones del *management?* Enumérelas.**

    a. Planificación y organización.
    b. Administración.
    c. Integración de RR. HH. (Recursos humanos).
    d. Dirección y liderazgo.
    e. Ejecución.
    f. Control.
    g. Evaluación de resultados.

Solucionario Capítulo 7

1. **De las siguientes frases, indique cuál es verdadera o falsa.**

   a. La negociación colectiva ha de ser la forma habitual de regular las condiciones de trabajo en las empresas.

      ☑ **Verdadero**
      ☐ Falso

   b. Existe una cadena que va en este orden: necesidad, deseo, satisfacción.

      ☑ **Verdadero**
      ☐ Falso

   c. El sistema de liderazgo de explotación-autoritario es también conocido como paternalista.

      ☐ Verdadero
      ☑ **Falso**

2. **Las reuniones de trabajo deben...**

   a. ... ser lo más largas posible, como mínimo de una hora de duración.
   b. ... ser de grupos como mínimo de 10 personas.
   c. **... ser a una hora cómoda, por ejemplo las 10 de la mañana.**

3. **El conflicto laboral...**

   a. **... es la alteración de la normalidad en las relaciones laborales.**
   b. ... siempre es colectivo.
   c. ... es colectivo cuando afecta a la empresa y un trabajador.

4. **Un trabajador motivado se caracteriza por:**

   a. Aceptar con reticencia los cambios.
   b. Tener una buena imagen de sí mismo, pero no de la empresa.
   c. Tener una buena imagen de su trabajo.

5. **Complete las siguientes oraciones.**

   Las actuales teorías de **gestión** empresarial consideran a la **comunicación** en las empresas como uno de los factores estratégicos de la política de **organización** y como el medio más adecuado para alcanzar el compromiso **socio-laboral.**

   El liderazgo se define como la capacidad de ciertas personas para **influir** en otras, de forma que por **convencimiento** y con entusiasmo se esfuercen en cumplir las instrucciones para **alcanzar** las metas del grupo.

   Para ganarse la **autoridad** (la capacidad de liderazgo), y conseguir la confianza de los **subordinados,** estos deben estar convencidos de que, siguiendo al jefe, se conseguirán sus objetivos **particulares** y los de la empresa.

6. **Relacione las siguientes modalidades de comunicación.**

   a. Órdenes.
   b. Charla con el colega.
   c. Informes.
   d. Gesticulación.
   e. Sugerencias.

   c. Comunicación verbal escrita.
   d. Comunicación no verbal.
   e. Comunicación ascendente.
   a. Comunicación descendente.
   b. Comunicación informal.

7. **¿Para qué puede usar el directivo las reuniones de trabajo?**

   Aglutinar al grupo y fomentar la cohesión.
   Fijar políticas comunes.
   Fomentar la participación y la motivación.

8. **¿Cuáles son las funciones genéricas de la comunicación?**

Hacer que circule la información (que llegue a donde debe llegar).
Socializar a los empleados.
Estimular la estructura jerárquica.
Crear una imagen interna que facilite un sentimiento de orgullo y pertenencia grupal.

9. **¿Qué requisitos deben cumplirse para alcanzar la motivación en los equipos de trabajo?**

Llevar a la empresa a una cultura de objetivos.
Tener unos canales de comunicación ascendentes y descendentes, completamente abiertos y por los que fluya la comunicación.
Trabajar en equipo.
Mantener una política de personal de carreras abierta.

10. **¿Qué tipos de liderazgo existen? Descríbalos brevemente.**

Líder autocrático: ordena y espera ser obedecido. El siempre tiene la razón.
Líder participativo: toma las decisiones el aunque consulta a sus subordinados.
Líder de rienda suelta: supervisa muy poco a sus subordinados, y deja que ellos mismos fijen sus metas.

11. **Enumere las fases del procedimiento de negociación colectiva.**

Denuncia del convenio por parte de los trabajadores (si es que existe convenio anterior) o promoción de nuevo convenio en su caso.
Composición de la comisión negociadora.
Discusión y acuerdo de los temas que han de tratarse.
Validez del convenio.

Solucionario Capítulo 8

1. **De las siguientes frases, indique cuál es verdadera o falsa.**

   a. Los módulos que conforman el *Back Office* permiten el manejo y control administrativo y financiero de la empresa.

      ☑ **Verdadero**
      ☐ Falso

   b. En los hoteles, las interacciones que se producen son siempre a nivel hombre-máquina.

      ☐ Verdadero
      ☑ **Falso**

   c. Las herramientas de gestión hotelera se conocen con las siglas de SIGH.

      ☑ **Verdadero**
      ☐ Falso

2. **El módulo de *SIHOT Billbackup* permite...**

   a. ... estar al día en la gestión de créditos.
   b. ... gestionar de forma centralizada los datos maestros.
   c. **... emitir de forma rápida una factura.**

3. **Son procesos de *Front Office* los de...**

   a. ... reservas y economato.
   b. **... reservas y bar/restaurante.**
   c. ... reservas y comercial.

4. **El módulo de cuentas por pagar permite llevar...**

    a. ... el control de los cheques.
    b. ... el control de las operaciones sujetas a pagos de comisiones.
    c. ... el control del detalle de las deudas.

5. **Los programas de gestión a medida no...**

    a. ... se adaptan a las particularidades de cada empresa.
    b. ... permiten ceder al usuario la propiedad del código fuente.
    c. ... pueden instalarse en todos los equipos con un coste adicional de licencias.

6. **El área de comunicación no comprende los procesos...**

    a. ... de las centrales telefónicas.
    b. ... comerciales, de administración, contabilidad y operacionales.
    c. ... de conexiones con TPV.

7. **El módulo de recepción no_permite...**

    a. ... controlar y actualizar la ocupación.
    b. ... la correcta aplicación de tarifas.
    c. ... reservar un espacio, para un tiempo, unos servicios y unas personas.

8. **Complete las siguientes oraciones.**

Los programas que conforman el *Front Office* del sistema permiten el **ingreso**, control y análisis de la información generada por los **huéspedes** del hotel desde la petición de habitación, siguiendo con el registro del huésped y finalizando con el **cierre** de la cuenta.

El módulo de auditoría nocturna permite verificar, **controlar**, registrar y contabilizar los movimientos y **transacciones** efectuadas por los usuarios en los diferentes **turnos** de trabajo.

En el módulo de contabilidad es donde se concentra toda la información contable generada con las **operaciones** realizadas a través de los diferentes **módulos** del sistema, que será procesada para poder presentarla de la forma establecida por los procedimientos contables, proporcionando herramientas necesarias para la **toma de decisiones**.

9. **Relacione los siguientes procesos de *Front Office* y *Back Office*.**

    a. Nacionalidades
    b. Control de mesas
    c. Entrada de *roomig list*
    d. Producción por camareros
    e. Diario de compras
    f. Información de cupos

    b. Bar y restaurante *(Front Office)*
    f. Comercial
    e. Economato
    a. Parametrización
    d. Bar y restaurante *(Back Office)*
    c. Reservas

10. **¿En qué consisten los Sistemas Informáticos de Gestión Hotelera (SIGH)?**

Consisten en un conjunto de bases de datos más el procesamiento asociado, además de una serie de funciones de interconexión con otros sistemas auxiliares como centrales telefónicas o terminales de punto de venta (TPV).

11. **¿Qué podrá hacer el cliente a través de los terminales de información?**

    ▪ Obtener información del hotel en entorno multimedia.
    ▪ Reservar servicios dentro del hotel.
    ▪ Consultar su cuenta.
    ▪ *Check- out* automático y pago con tarjeta.

12. ¿En qué dos categorías se dividen los SIGH dependiendo de los procesos que los conforman?

1. Front Office, referidos al comportamiento del hotel y el exterior.
2. Back Office o procesos de gestión interna.

13. ¿Cuáles son las principales aplicaciones de los sistemas inmóticos en los hoteles?

- Control de accesos.
- Control de iluminación.
- Control de climatización.
- Control energético.
- Alarmas técnicas.
- Comunicaciones.
- Control de presencia.

14. Enumere los módulos que conforman el *Front Office* y el *Back Office*.

1. Front Office:

- Módulo de reservas.
- Módulo de recepción.
- Módulo de caja recepción.
- Módulo de gobernanta.
- Auditoría nocturna.
- Módulo de estadísticas.
- Módulo de consultas telefónicas.

2. Back Office:

- Módulo de cuentas por cobrar.
- Módulo de inventario de almacenes.
- Módulo de compras.
- Módulo de entradas de almacén.
- Módulo de salidas de almacén.
- Módulo de cuentas por pagar.
- Módulo de bancos.
- Módulo de contabilidad.
- Módulo control de comisiones.

Solucionario 8

Procesos de gestión de calidad en hostelería y turismo

Solucionario Capítulo 1

1. ¿El aseguramiento de la calidad genera actividades de prevención de la calidad mediante la definición previa y normalización de los servicios que se producen?

    a. Cuando la satisfacción del cliente sea superior al 25 %.
    b. Sí.
    c. No.
    d. A veces.

2. Indique si la siguiente afirmación es verdadera o falsa.

El cliente es el único juez de la calidad del servicio, sus opiniones son las que más importan.

    ☑ **Verdadero**
    ☐ Falso

3. Como bienes de consumo, los servicios de hostelería son:

    a. Tangibles.
    b. Almacenables.
    c. Ni tangibles, ni almacenables.
    d. Tangibles y almacenables.

4. La calidad es tarea...

    a. ... de todos, desde el dueño de la empresa hasta el último de los empleados.
    b. ... solo de los clientes.
    c. ... de los dueños de la empresa y de los directores.
    d. ... solo de los dueños de la empresa.

5. **La excelencia en el servicio significa:**

   a. Satisfacer a los clientes por encima de todo, aún a costa del sacrificio y explotación de los trabajadores.
   b. Satisfacer a los trabajadores.
   c. Satisfacer a los proveedores y dueños a largo plazo.
   d. **Satisfacer a clientes, propietarios, proveedores y trabajadores.**

6. **Indique si la siguiente afirmación es verdadera o falsa.**

   Los costes de la calidad se denominan también costes de conformidad.

   ☑ **Verdadero**
   ☐ Falso

7. **Los aspectos clave de una implantación de sistema de calidad son:**

   a. El procedimiento de calidad.
   b. El manual de procedimiento y calidad.
   c. **El manual de procedimientos y el manual de calidad.**
   d. El manual de cantidad.

8. **Indique si la siguiente afirmación es verdadera o falsa.**

   La no calidad es absurda y no existe.

   ☐ Verdadero
   ☑ **Falso**

9. **El modelo de excelencia EFQM maneja nueve criterios para su implantación:**

   a. Cuatro son agentes facilitadores y cinco son agentes de dificultad.
   b. Cinco son agentes de dificultad y cuatro son agentes facilitadores.
   c. Cuatro son agentes de dificultad y cinco son agentes facilitadores.
   d. **Cinco son agentes facilitadores y cuatro son agentes de resultados.**

10. La función de certificar o acreditar a las empresas certificadoras en España es realizada por...

    a. AENOR.
    b. ENAC.
    c. ISO.
    d. CONESTUR.

Solucionario Capítulo 2

1. Un sistema de gestión de la calidad se compone de...

    a. ... procedimientos y recursos.
    b. ... procedimientos, procesos y recursos.
    c. ... recursos y procesos.
    d. ... procedimientos, procesos y sistemas.

2. En el desempeño de la labor de coordinación, la Dirección de una empresa turístico-hostelera es importante que desarrolle procedimientos de...

    a. ... formación y concienciación de los trabajadores.
    b. ... formación y concienciación de los clientes.
    c. ... formación y concienciación de los jefes de departamento.
    d. ... comunicación personal entre los trabajadores.

3. A la hora de evaluar el grado de calidad que se ha alcanzado en un servicio lo más importante es que el nivel de calidad realizada coincida exactamente con el de calidad programada.

    a. No siempre.
    b. Casi siempre.
    c. No.
    d. Sí.

4. ¿Cuándo se habla de calidad total? Cuando la calidad percibida iguala a la calidad esperada.

    a. Cuando la calidad percibida iguala a la calidad esperada.
    b. Cuando la calidad percibida supera a la calidad esperada.
    c. Cuando la calidad percibida es menor que la calidad esperada.
    d. Cuando la calidad esperada supera a la calidad percibida.

5. Indique si la siguiente afirmación es verdadera o falsa:

La calidad positiva aparece cuando la calidad percibida supera a la calidad esperada.

    ☑ **Verdadero**
    ☐ Falso

6. **¿Qué compara el modelo SERVQUAL?**

    a. Calidad programada, realizada, desesperada y percibida.
    b. Calidad programada, realizada, esperada y percibida.
    c. Calidad programada, realizada, esperada y recibida.
    d. Calidad garantizada, realizada, esperada y percibida.

7. **Indique si la siguiente afirmación es verdadera o falsa:**

Un proceso es una secuencia de actividades realizadas por el mismo empleado.

    ☐ Verdadero
    ☑ **Falso**

8. **En los procesos se dan unos *output* que son:**

    a. La calidad total.
    b. Las entradas.
    c. Las personas, métodos, materiales y máquinas.
    d. Los servicios (o bienes) terminados.

9. **De los siguientes, ¿cuál no es un proceso de la actividad de hostelería?**

    a. Alojamiento.
    b. Alimentación.
    c. Restauración
    d. Administración.

10. Indique si la siguiente afirmación es verdadera o falsa:

En los procesos se dan unas 'entradas' que son personas, métodos, materiales, máquinas.

☑ **Verdadero**
☐ Falso

Solucionario Capítulo 3

1. La comprobación de la calidad se refiere a...

   a. ... detectar en los procesos productivos desviaciones de la especificación de calidad.
   b. ... controlar las medidas correctas del producto final.
   c. ... la inspección que se hace al servicio después de prestarlo.
   d. ... identificar la no calidad en el producto terminado.

2. La medición de la satisfacción de los clientes se realiza...

   a. ... de vez en cuando, mediante entrevistas con los clientes al salir.
   b. ... nunca, lo único es estar seguro de que el producto es bueno.
   c. ... de manera continua y por diferentes métodos para disponer de información que permita mantener a todos los clientes satisfechos.
   d. ... sin molestar al cliente para nada, solamente se observa el gasto que ha realizado.

3. Indique si la siguiente frase es verdadera o falsa.

   Las características de la calidad se manifiestan por unos valores, numéricos o cualitativos, que casi siempre varían de forma aleatoria.

   ☑ **Verdadero**
   ☐ Falso

4. Indique si la siguiente frase es verdadera o falsa.

   Un comunicado es una información que un empleado envía a la dirección sobre asuntos generales.

   ☐ Verdadero
   ☑ **Falso**

5. **Indique si la siguiente frase es verdadera o falsa.**

Los métodos estadísticos manejan tanto variables con valores numéricos, como atributos con valores cualitativos.

☑ **Verdadero**
☐ Falso

6. **Ejemplos de cálculos de la estadística inferencial son:**

   a. Media aritmética.
   b. Media geométrica.
   c. Muestreo.
   d. Descripción aritmétrica.

7. **Entre los métodos estadísticos que aporta la estadística teórica a los estudios de calidad, no está:**

   a. El cálculo probabilístico.
   b. La moda.
   c. La estimación.
   d. El muestreo.

8. **En Estadística, una muestra es un conjunto de valores representativos de una población que, para que sea válida, tiene que atender a...**

   a. ... los criterios de selección del conjunto de valores.
   b. ... al tamaño de la muestra.
   c. ... las preferencias de la dirección.
   d. ... la estimación.

9. **Rellene los huecos en las siguientes frases:**

El muestreo puede ser probabilístico y **no probabilístico.** El probabilístico puede ser aleatorio simple, aleatorio **sistemático,** aleatorio estratificado y **aleatorio** por conglomerados. El **no probabilístico** puede ser por cuotas, **intencionado,** bola de nieve y **discrecional.**

10. Indique si la siguiente frase es verdadera o falsa.

La evaluación se vincula con los resultados y advierte de lo que va bien y de lo que no funciona.

☑ **Verdadero**
☐ Falso

Solucionario 9
Inglés profesional para turismo

Solucionario Bloque 1 Capítulo 1

1. **Match each type of accommodation with their corresponding definition.**

   a. Hotel
   3. An establishment that provides lodging, meals and services and facilities to its guests, such as private bathroom, TV, restaurants, etc.

   b. B&B
   5. A familiar residence that provides travellers accommodation for a night and a meal in the morning.

   c. Guest house
   6. A small private house that offers accommodation to paying guests.

   d. Campsite
   2. A place used for vacationers equipped with tents.

   e. Apartment
   4. An array of rooms used for people on holiday.

   f. Villa
   1. An immense country house owned by an aristocratic family.

2. **Describe in your own words the difference between service and facility.**

   Possible answer:

   When talking about a service offered, staff members are involved, for example, hotel reception service. On the contrary, when we talk about a facility, we talk about a thing that makes the stay easier and more pleasant for the client and no staff is involved.

3. **You are the receptionist of a hotel in Florence. It's Friday, and a British couple of clients ask you about where to go to have a romantic dinner, because they want to celebrate their anniversary. Which type of restaurant would you recommend them to go? Why?**

Possible answer:

Well, let me think... Oh yes! You could go to La Piazza. It's a quality restaurant located just a few steps from Piazza della Signoria. It has a wonderful little garden with a relaxing sound of water and it serves the most typical Italian dishes and the best wine. In addition, the owner of this restaurant sometimes sings opera! I think it's perfect for you. I could make a reservation for you, if you decided going...

4. **Which is the most important information that a car hiring professional must know from his/her client when booking a vehicle?**

   a. How long would you like to hire the car for?
   b. How many passengers will there be?
   c. Do you need a child seat?
   d. Are you interested in purchasing insurance in case of collision?
   e. What sort of driving licence do you have?
   f. How will you be paying?

5. **Write in your own words the functions of a tour operator.**

   a. Join several tourism services to produce a package.
   b. Decide how to combine them.
   c. Investigate new destinations.
   d. Negotiate with tourism companies to obtain huge quantities.
   e. Promotion and marketing of new touristic destinations.

Solucionario Bloque 1 Capítulo 2

1. **Give a short definition of the following words.**

   ▮ Enlightenment holiday: a type of holiday to de-stress and balance your spirit and soul.
   ▮ Brochure: a free magazine that gives information about products, holidays, etc. offered by a company.
   ▮ Leaflet: a sheet of paper advertising some information about a concrete product.
   ▮ Return ticket: a ticket bought to travel to a place and to back again.
   ▮ Pick-up point: place where people agreed to be collected to a coach.

2. **Describe in your own words the stages followed by a travel agent in booking a holiday.**

   ▮ An initial interaction with the client: offering information about possible destinations by using promotions, brochures, asking questions, etc. That is the initial enquiry form.
   ▮ Client profile or a computerized file with the client's personal information.
   ▮ Printing the booking authorization form out.
   ▮ Collecting payment for an initial deposit.
   ▮ Offering travel insurance and other possible services.
   ▮ Booking verification through the GDS.
   ▮ Checking printed tickets to ensure everything is correct.
   ▮ Client notification that tickets are ready and collecting them.
   ▮ A Welcome Home Letter, a questionnaire sent to the client on his/her arrival home.

3. **Name the most important documents required for travelling.**

   ▮ Passport.
   ▮ Visa.
   ▮ Identity card.
   ▮ Vouchers.
   ▮ Tickets.

4. List the most relevant tips in a telephone conversation when making a booking.

▪ Pick up the phone as soon as you can, on the contrary, it may give a deficient impression.
▪ Give the name of the organization or company and introduce yourself.
▪ Ask how you can help.
▪ Don't use a poor language and speak clearly. It is the only impression a caller will get from you.
▪ Be courteous and polite.
▪ Try to be decisive and assertive.
▪ Repeat details to make sure that everything is understood.

5. What are the main contents in a reconfirming e-mail?

▪ Attach the documents that reconfirm the reservation changes.
▪ Make reference to what have been said.
▪ Give contact number in case of error or possible questions.
▪ Thank customer for his election in choosing your agency.
▪ Sign the e-mail.

Solucionario Bloque 1 Capítulo 3

1. Write and explain briefly the different types of flight tickets.

- Manual ticket. It is an obsolete ticket and was filled out manually.
- Transitional automated ticket. It was the most sold. It consists of a maximum of four flight coupons, each for a stretch of a route, one of them will be taken by the check-in clerk at the time of the journey. The TAT is also composed of a passenger receipt coupon and a cover.
- Automated ticket boarding pass. This ticket is made of cards where information about the flight, seat assignment and passenger data will be found. The ATB is formed of two sections; on the one hand, the flight coupon and, on the other hand, the passenger coupon that will serve as the boarding pass. These coupons will be separated by a perforation. The ATB2 includes a magnetic stripe and it is more recent than the ATB.
- E-ticket. It is an electronic document. The customer only needs the ID card at the check-in point at the terminal, since a confirmation number has been assigned to the customer when he/she has booked his/her flight.

2. What is the main difference between a train ticket and a ferry ticket?

Train tickets are not nominal, so the passengers' details are not printed on the ticket.

3. Define the different types of vouchers.

- Service voucher. It is exchangeable for the services specified in it. It is advisable for travel agencies to stamp it before customers can use them.
- Full-credit voucher. It covers every service required by the client. The supplier must be aware that the client is using this type of voucher. This document must be particularly used with certain clients who can afford them.
- Confirmation voucher. It contains information about the service supplier and the amount of money that has to be paid by the customer to the service supplier through this document presentation on the day of arrival.

4. What is a travellers' cheque?

It consists of a pre-printed, predetermined amount cheque that needs a signature to pay for a service. This document has imprinted the customer's name and it is enumerated, so in case of being stolen, the customer can request replacement when he/she submits travellers' cheque numbers.

5. What is the coverage of travel insurance?

- Medical expenses.
- Travel delays and trips cancellation or interruption.
- Missed connections.
- Lost or damaged baggage.
- Emergency evacuations.
- Flight accidents.

Solucionario Bloque 1 Capítulo 4

1. What are the main stages in a negotiation process?

- Preparation stage. Knowing everything about the meeting, sides, points to discuss, etc. Setting the agenda stage. Making clear all the tasks to be discussed and determine the reasons for each item.
- Clarification of ideas stage. References to what has been said.
- Disagreement with the other side stage. When one of the sides disagrees with the other, it is suitable to give alternatives and choices.
- Making concessions stage. In order to create an equal situation in which both sides win, making concessions could be the solution.
- Bargaining stage. This is the real core of the negotiation.
- Final stage. Making a short summary of what has been discussed to make clear the points reached and agreed.

2. Define the following words.

- Bargain: negotiation.
- Set the agenda: preparation of the items to be discussed.
- Non-verbal communication: body language, gestures, postures, etc.
- Profit: benefits.
- Drawbacks: disadvantages.

3. What is the difference between an allocation contract and a fixed contract?

- Allocation contract, in which tour operators pay for an estimated number of rooms to be sold.
- Fixed contract, in which tour operators pay for a fixed number of rooms regardless of how many will be sold.

4. Describe what can be negotiated with hoteliers.

- The rack rate of the hotel.
- The number of rooms for groups.
- Large number of rooms, farewell parties, consumptions in the hotel, etc.

❙ Complimentary room for drivers or tour guides.
❙ A written formal to confirm the items agreed. Hoteliers will also ask for a rooming list.

5. Define the ancillary services.

Ancillary services are one of the main constituents of the travel and tourism industry and it can be defined as the additional services a customer may need when going on holiday.

Solucionario Bloque 1 Capítulo 5

1. **When reserving a room, what is the essential information that must be given?**

   ▮ Dates, times and number of nights: it is essential to specify the arrival and departure dates; time is also important to the hotel staff to prepare the rooms.
   ▮ Number of people: it is very important to say how many people are going to stay in the hotel. In the case of children, age must be specified.
   ▮ Room type: single room, double room, suite, ground floor room, top floor room, room with views.
   ▮ Board: bed and breakfast, half board, full board, all-inclusive.
   ▮ Facilities required: mentioning what the customer needs.
   ▮ Contact information: customer's full name, telephone number, e-mail, type of credit card, credit card number, expiration date.

2. **Define "Hotel Services".**

   These are additional services that a hotel offers to their guests and are paid separately from the price of the room.

3. **Which are the most usual conference facilities?**

   ▮ Audio-visual equipment.
   ▮ Flip chart.
   ▮ Laptops.
   ▮ Printer.
   ▮ Secretarial services.
   ▮ Modem points.
   ▮ Video-conference.
   ▮ Break-out room.
   ▮ Digital projector.
   ▮ Wi-Fi.
   ▮ Fax.
   ▮ Photocopying.
   ▮ Notebooks.
   ▮ Lamination.

4. Name different off-site services.

Excursions, city tours, sports like scuba diving, snorkelling, horse-riding tours, tours on a ship, etc.

5. Define the pet service in a hotel.

Some hotels allow people to stay in with their pets. So hotels offer this service that includes a pet bowl, tags, sweets and toys, apart from their pet bed. Others offer special services like dog walking, spa treatment and vet examinations.

Solucionario Bloque 1 Capítulo 6

1. Fill in the blanks with the missing words.

key card	registration card	swipe	guest history	walk-in	room rack

1. I need to **swipe** your credit card to charge the bill, please.
2. There is a **walk-in** waiting at the front-desk.
3. Guests must sign a **registration card** to complete their check-in at the hotel.
4. Well, I'll check the **room rack** to select you a room.
5. Oh my God! I've lost my **key card.**
6. Don't forget to look at the **guest history** to know their preferences.

2. Define "Hotel Register".

A hotel register is a record book that contains information about guests, statistics and revenue data.

3. Why is important the guest history document?

It is important because it reflects the guest's earlier visits to the hotel, his/her preferences and requests.

4. Define "room rack".

It is a board or a screen in a computer that presents the available rooms.

5. Why are important the Customer Satisfaction Surveys?

Customer satisfaction surveys are important because they contain significant information about hotel services, customer care and attention. These surveys reflect the satisfaction with the services obtained by the guest and their complaints.

Solucionario Bloque 2 Capítulo 1

1. **Name the different types of Tourist Information Centres.**

   ▌ Tourist Information Offices.
   ▌ Visitor Information Centres.
   ▌ Rural Information Centres.

2. **Describe in your own words the difference between resource and service.**

   ▌ Tourism resources are the native elements which make travellers go to a place or another, like rivers, art, traditions, etc.
   ▌ Tourism services are what make travellers enjoy the resources, like hotels, guiding, Tourist Information Centres, etc.

3. **Define Tourist Information System.**

   A Tourist Information System is normally used by professionals and it is created through a computerized-based programme and data bases to receive and provide information about the tourist sector in general and tourist products in particular.

4. **Describe how the tourist information is administered.**

   The public and private organizations in the tourist sector are in charge of compiling, regulating and distributing tourist data. All this work is coordinated by the Tourist Information network through data bases, computerized programmes and software that exchange information between them to examine it and distribute it later to professionals in tourism and customers.

5. **Explain briefly the contents of an information request form.**

   The contents of an organized request form are customers' personal details, such as name, address, telephone contact number, e-mail, country, etc., and their tourist requirements and questions.

Solucionario Bloque 2 Capítulo 2

1. **Name some of the different types of tourism suppliers.**

   Hotels, B&B, car hiring, fuel stations, tour guiding, insurance companies, restaurants, bars, markets, etc.

2. **Which is the order in planning a package holiday?**

   a. Making decisions about dates, duration, capacity, hotels and destinations.
   b. Potential destinations compared in-depth.
   c. Identified dates and capacity.
   d. Negotiations with airlines, accommodation and transport. Signed contracts.
   e. Brochure production: photos, descriptions, information.
   f. Estimate the selling prices depending on the exchange rate.
   g. Final package holiday price.
   h. Brochure printed.
   i. Brochure distribution and advertising.
   j. Recruitment of holiday representatives.
   k. First tour departure.

3. **Define familiarization trip.**

   This type of trips allows travel agents, in a low cost tour offered by tour operators, hotel principals, cruise lines and other tourism services suppliers, to know in-depth the tourism products they are going to sell.

4. **What do tourism products prices depend on?**

   I   Hotel rack rates, that is the published or official room price.
   I   Possible discounts depending on the number of travellers, seasonality, destination, etc.
   I   Possible variations of prices depending on the negotiations about the estimated price for next seasons, or the increase or decrease of services prices depending on the level of demand.

5. Explain briefly the different functions of a brochure.

- Informative function, since it is created with the purpose of informing clients about the different services and facilities offered in the place that it is advertised.
- Advertising function, since it may attract clients in order to sell what has been imprinted in the brochure. They way in which it is designed is essential in attracting people. Therefore, slogans, photos and pictures are accurately selected and publicized.

Solucionario Bloque 2 Capítulo 3

1. **Define the three types of tourism.**

   ▮ Domestic tourism or the type of tourism in which a traveller stays in his/her country and visits another city or region.
   ▮ Inbound tourism or the type of tourism in which a traveller arrives in a country from abroad.
   ▮ Outbound tourism or the type of tourism in which a traveller leaves his/her country to visit any other country in the world.

2. **Can you name the different tourist routes?**

   ▮ Gastronomic route.
   ▮ Cultural route.
   ▮ Nature route.

3. **What is the information a tourist information assistant can provide clients?**

   Tourist information assistants can provide information about routes, weather, tourist attractions and leisure possibilities.

4. **Define the following words.**

   a. Hailstone: a tiny ball of ice or snow.
   b. Heat wave: a period of time with high degrees in temperature.
   c. Downpour: a heavy rain.
   d. Blizzard: a snowstorm with strong winds.

5. **Explain briefly the different tips a travel agent must take into account when providing information to the client.**

   ▮ A travel agent must listen carefully to what the customer is saying and, at the same time, collect as much information as possible about him/her.
   ▮ A travel agent must show availability when a client comes to the office.
   ▮ A travel agent must inform about possible interesting destinations.
   ▮ A travel agent must use brochures and as many photographs and pictures as possible when informing clients about destinations and services. In case of not knowing so much about what the customer is requiring, travel agents must search information about it or ask for help to any other agent in the office.
   ▮ A travel agent must try to convince customers to buy tourism products.
   ▮ A travel agent must be an advisor and a counsellor to customers when taking decisions about travelling and destinations.

Solucionario Bloque 2 Capítulo 4

1. Define natural renewable resources.

Renewable natural resources are those natural materials that can be regenerated by Nature itself, such as water, wind, vegetation, etc.

2. What is the most important in elaborating a natural resources inventory?

In analysing and elaborating an inventory about natural resources, it is vital to identify each natural resource in the zone by evaluating it on site. In this sense, it must be completed a form in which location, description of the area, potential tourists or visitors and ways of access will be annotated.

3. What is the difference between ecotourism and sustainable tourism?

■ In sustainable tourism, benefits are invested in the creation of employment in the area.

■ In ecotourism, profits are destined to the conservation of the natural environment.

4. Define the following words.

a. Itinerary: a planned journey.
b. Inventory: a more completed and detailed list in which the items are normally described.
c. List: a number of items written consecutively.
d. Route: a way taken in getting from a starting point to a destination.

5. **Explain briefly the most important tips in elaborating an itinerary.**

In elaborating an itinerary it is vital to collect the following data:

- Location.
- Distances.
- Ways of access.
- Timing.
- Types of activities.
- Transport to be used.

Solucionario Bloque 2 Capítulo 5

1. **What are the impacts produced by an uncontrolled tourism upon the environment? Name them.**

   Ecological impact, geographical impact and social impact.

2. **Name the negative aspects of nature-based tourism upon environment.**

   - Pollution.
   - Rubbish.
   - Noise.
   - Impoverishment of grounds.
   - Residual waters.
   - Destruction of biodiversity.

3. **Define "sustainable development".**

   The development that meets the needs of the present without compromising the ability of future generations to meet their own needs, according to *Our Common Future,* written by The World Commission on Environment and Development.

4. **What are the objectives proposed by the European Union in relation to environment?**

   - The European Union must ensure a sustainable development society for its country members.
   - Conservation, protection and improvement of the environment.
   - People's health must be protected.
   - Responsible use of natural resources.

5. **What are the consequences of climate change?**

   The changes in the Earth temperature entails periods of droughts, glaciers melting and heavier climate phenomena, such as tornados and tsunamis.

Solucionario Bloque 2 Capítulo 6

1. **1. What is the *Global Code of Ethics?***

   "The Global Code of Ethics for Tourism is intended to be a living document. Read it. Circulate it widely. Participate in its implementation. Only with your cooperation can we safeguard the future of the tourism industry and expand the sector's contribution to economic prosperity, peace and understanding among all the nations of the world" (Francesco Frangialli, Former UNWTO Secretary-General, 1998-2008).

2. **Name three articles of the *Global Code of Ethics*.**

   - Article 1. Tourism's contribution to mutual understanding and respect between peoples and societies.
   - Article 2. Tourism as a vehicle for individual and collective fulfilment.
   - Article 3. Tourism, a factor of sustainable development.

3. **Name the hotel measures to be eco-friendly.**

   - Taking a shower rather than a bath to save water consumption.
   - Switching the lights off when they leave the room. Some hotels have installed some mechanisms that control light energy.
   - Adjusting the right temperature of air-conditioning.
   - A correct use of towels to minimize the use of detergents.

4. **What are the most important rules for a tourist in an off-site activity?**

   - Do not throw away any sort of litter.
   - Take with you the rubbish. If tourists put the rubbish in the bins, it can attract animals and it may cause a negative impact.
   - Take care with fire and follow the rules.
   - Do not offer food to any animal of any kind.
   - Take the indicated path.

5. What may a tourist do during the journey?

- The tourist should eat at local restaurants and stay in local hotels to improve the local economical development.
- The tourist should conserve and protect the natural environment, flora and fauna, as well as use public transport instead of renting a car. This will diminish pollution and a negative impact on the area.
- The tourist should be careful with the things acquired as souvenirs. Sometimes, they have nothing to do with the local heritage and, sometimes, they are prohibited things that may put travellers in trouble.

Solucionario Bloque 2 Capítulo 7

1. **Mention some companies that are in charge of accrediting the highest level of quality.**

   There are some companies throughout the world that are in charge of accrediting that a tourism service has reached the highest level of quality. These corporations are Bureau Veritas Quality, AENOR or the European Foundation for Quality Management, among others.

2. **How can employees influence the quality increase of a hotel?**

   Motivating employees through a relaxing working atmosphere, incentives and stimulating them for their good done work increase the level of quality in their performance.

3. **Explain how information about the client's satisfaction can be collected.**

   The customer service department will be in charge of handling with questionnaires, surveys, telephone conversations and letters to know in-depth the clients' level of satisfaction about the services and products received.

4. **Mention the drawbacks in phone surveys.**

   I There is a limit of time. Normally, when a possible customer receives a call of this type, he or she, generally, has no time left to talk, because they are doing something more important for them as taking care of their children, going to work or something else.
   I Lack of body language and gestures, so the verbal communication must be precise and the questions must be clear, concise and concrete.

5. **Explain the different stages in handling a complaint by staff members.**

I Staff may be trained in staying calm and courteous when they are dealing with angry customers. They must remember that clients are not angry with them; they are only frustrated about a situation or problem.

I Staff must learn to listen to customers. When people have a problem, they want to be heard, it is a way of asking for help and calming themselves.

I Staff may understand the whole situation in order not to make customers feel misunderstood. If needed, staff must ask for explanations and paraphrase everything the customer has told.

I Finally, staff may be characterized for their resolute personality in solving problems. It is essential to make clients feel that everything will be fixed up and there will not be anything to be worried about.

Solucionario Bloque 3 Capítulo 1

1. What happens when a traveller goes through Customs in an airport?

Customs officers will ask travellers to show them their passports and if they have something to declare about imported goods.

2. What is the difference between a trip and a tour?

❙ Trip: it's a journey that one makes to a place and back again.
❙ Tour: it can be considered an organized trip or a short trip around a place.

3. Define walk-in guest.

A walk-in guest is a client who asks for a room without any reservation.

4. Define appetizer.

Appetizer is a synonym for aperitif.

5. Mention the characteristics of the guiding language.

❙ Use of extreme adjectives.
❙ Use of passive constructions.
❙ Use of rich language.
❙ Use of superlative adjectives.

Solucionario Bloque 3 Capítulo 2

1. What are the two essential factors in greeting people staff don't know or meet for the first time?

Formality and politeness are two essential factors in greeting people staff may meet for the first time or staff may not be so close to them.

2. Why is "sir" or "madam" used?

It is very common to greet new comers, guests and customers in hotels, restaurants and shops in these ways, because the use of "sir" or "madam" gives importance to clients. The image provided by a check-in clerk in a hotel, welcoming guests with a "Good morning, sir" sounds politer and more formal than a simple "Good morning".

3. Write the procedure to follow a person introducing oneself.

- He or she may look at the other's eyes in a relaxing way. Eye contact is essential in conversation, since it shows reliability and attention in what the other is telling you.
- Body language. The person who is introducing oneself may smile, because it gives a very positive impression. Normally, a handshake can tell a lot about a person; a firm handshake shows self-confidence and an extrovert personality.
- Just after the handshake, you may say your name and surname. It is convenient to repeat the other members of the group's names when greeting them, just to remember.
- In order to give an extrovert image, it is important for you to talk a little about yourself, giving not a few details but trying to start an interesting conversation.

4. Write the procedure to follow a person introducing other person.

- First of all, it is essential to give the complete name and the status of the person introduced. The rest of the group may know who he or she is. To do so, it is important to begin with phrases like "I'd like to introduce you to..." or "This is...".

▐ Then, you may give details of that new person, you may talk about his or her post, interests, how you met her or him, etc. This is done with the purpose of starting a relaxing conversation among new colleagues or friends.

5. Mention some expressions used for apologies.

▐ Excuse me... In British English, this expression is normally used for attracting somebody's attention. However, this expression is widely used for apologizing in American English.

▐ I'm sorry. This is an informal apology, that is to say, it is frequently used in everyday British language.

▐ I beg your pardon, sir/madam.

▐ I'm terribly sorry.

▐ I'm so sorry, sir/madam, for...

▐ I apologize for...

▐ Pardon. This expression is used to make the counterpart repeat what he said because you have not heard or understood.

Solucionario Bloque 3 Capítulo 3

1. Mention the most important characteristics of formal language.

- It is not spontaneous.
- Words may be thoroughly chosen.
- Words cannot be abbreviated.
- Verbs cannot be contracted and the use of phrasal verbs must be reduced to a minimum.
- The use of personal pronouns must be avoided, overall the personal pronoun "I". It is preferable the use of "we" to formalize a text or speech.
- Passive voice may be used instead of active voice.
- Sentences may be longer than in informal language. The complexity of sentences and the use of linkers as "nevertheless", "due to the fact that", "on the other hand".
- Relative pronouns; they may not be omitted.
- Modality is also used in formal language.
- Formulaic expressions in formal language.

2. Mention the most important characteristics of informal language.

- It is improvised, since it flows at the time of the conversation itself.
- The use of slang is also used in informal conversation.
- Delaying expressions such as "you know" or correcting expressions of the type "what I mean".
- Words may be abbreviated.
- Verbs are contracted and the auxiliary verbs are dropped from the sentences.
- Active voice is continually used to make conversation dynamic.
- Phrasal verbs like "come across" instead of "encounter".
- Sentences are normally simple and short, in order to get straight to the point. As a result, the use of relative pronouns is strongly reduced to a minimum.

3. Define "weak word".

Weak words are terms of the type of "nice", "big" or "got". These words are normally unstressed in the sentences and they lack of strong meaning.

4. Define hesitation filler.

Sound or word used in oral language when the speaker makes a pause in the speech.

5. Mention the main differences between oral and written language.

In written language there is no feedback, since there is no an addressee. Besides, language must be explicit when writing is used, as there is no reference outside the text. Finally, the organization of the text must be highly structured to provide a clear comprehension.

Solucionario Bloque 3 Capítulo 4

1. **Mention the different types of customers.**

   ▌ Distrustful customer.
   ▌ Calm customer.
   ▌ Loquacious customer.
   ▌ Upset customer.

2. **Explain the essential procedure in dealing with complaints.**

   ▌ Be calm and listen carefully to the customer to try to find out the nature of his/her dissatisfaction.
   ▌ Empathize with the customer and apologize for the inconveniences produced.
   ▌ Use a positive body language, gestures and postures. It is essential to make customers feel they are listened to and attended.
   ▌ Offer possible solutions to the problem without arguing with the customer and without using the phrase "it's our policy".
   ▌ Ask whether the solution provided is accepted by the customer.
   ▌ If this is not the case, ask for the manager or supervisor assistance.
   ▌ Make sure of taking notes and details of the customer and his/her complaints and the actions carried out.
   ▌ Don't forget to put into practice what you have promised.

3. **Explain briefly the most habitual situation of customers' complaints at the airport.**

   Overbooking, delayed or cancelled flights, poor service or rude stewardess and lost luggage are some of the habitual problematic situations travellers may face when deciding travelling by air.

4. **Explain briefly the most habitual situation of customers' complaints in a hotel.**

   Dirty hotels, noisy rooms, poor service, overbooking, overcharging and so on, are some of the usual dreadful situations customers frequently fear when they decide to book a room in a hotel they have not stayed before.

5. **Explain briefly the most habitual situation of customers' complaints in a restaurant.**

   Facing a problem about a poor service, about a mistake on the bill or even about the food may ruin a day or a night of any customer.

Solucionario Bloque 3 Capítulo 5

1. Positive aspects of complaints.

> ▮ Dealing with complaints provides the opportunity to managers and supervisors of understanding and recognizing the possible weakness of the service provided. Consciousness about where the error is can improve the service, since it will be able to rectify on time without affecting future customers.
>
> ▮ Customers who complain and feel that they are adequately listened to and attended will be possibly loyal customers. Everybody knows that possible errors can be committed, though everybody also knows that they can be amended. Therefore, complaints handled correctly may be considered as a way of gaining a faithful client.

2. Why are apology letters important?

Apology letters are important in business because they are used to try to amend some possible errors committed. It would turn irritated customers into faithful clients. In fact, written apologies are more effective than verbal ones.

3. What are surveys and questionnaires used for?

Surveys and questionnaires may provide the exact feedback a business needs to grow, expand and improve. Managers and supervisors will be able to know their customers and what they really expect when they decide to request their services. It is a matter of getting to know your clients and future customers, their likes, preferences and desires.

Bearing this in mind, it can be said that it is essential for every business dealing with customers directly to produce and deliver customer satisfaction questionnaires to make their services grow.

4. Why is essential to have a smile while you are talking over the phone?

This helps staff not to sound annoyed when dealing with a complaint. It is very important to show the right attitude to a customer. A smile is a courteous and polite attitude that, though not seen, can be perceived by the customer through the phone line.

5. How the staff can build a relationship with the customer from the beginning?

Through the expression of your body language and through an active listening.

▎ Body language. In order to fulfil the expectations, your body must express attention, care, empathy and sympathy. In this sense, the face must communicate empathy, the arms must be opened and not crossed, the body must be relax and in a close distance. The movements must be slow to appease the situation.

▎ Eye contact must be continuous and gestures must express your attention to the problem and inconvenience experimented by the customer.

▎ Active listening. In order to make the customer feel that he/she is attended, taking notes, nodding with the head and facial expressions must be put into practice.

Solucionario Bloque 3 Capítulo 6

1. **Which situations do travel insurances cover?**

   ▮ Medical expenses.
   ▮ Hospital care.
   ▮ Medicine expenses.
   ▮ Cancelled or delayed departures.
   ▮ Lost or damaged luggage.
   ▮ Curtailment.
   ▮ Injury.
   ▮ Accidents.
   ▮ Loss of important documents.

2. **Sum up the procedure in giving advice.**

   ▮ The first step is dealing with stressful customers in trying to calm down the situation, offering help in a calm, soft tone.
   ▮ As in complaints, listening actively to the customer is essential to relax customers and to find out every detail of the conflictive situation.
   ▮ Giving amicable solutions, advice and suggestions to ensure and create a sensation of support and assistance in the irritated customer and in the whole group of clients, who, in many occasions, may adopt the behaviour of the stressful customer.

3. **Which are the commonest accidents occurred when travelling?**

   ▮ Injuries and falls when going on an adventure holiday.
   ▮ Food poisoning accidents.
   ▮ Injuries from natural attractions.
   ▮ Natural disasters like hurricanes, tornados, tsunamis.
   ▮ Cruise drowning.
   ▮ Animal attacks.
   ▮ Accidents caused by winter storms and snow.
   ▮ Transport accidents, mostly on the road.
   ▮ Fire accidents.

- Heat.
- Animal bites, such as mosquitoes, snakes and so on.

4. Describe the procedure in emergency situations.

- The first step is to identify if there is a real crisis.
- The second step, then, is to contact the emergency services, in this case, the ambulance.
- Tourism professionals must secure, then, their customers' safety. This is a priority in any critical situation where tourists are involved.
- Tourism professionals must provide support and aid to their customers. This support may be physical, moral or emotional.

5. How should staff behave in an emergency situation?

- Be calm and speak in a calm voice and tone. This will help to calm down customers and the situation.
- Use a directive approach to customers and take control of the situation.
- Don't try to make sense with a stressful customer. This will make him or her feel angrier and more stressed.
- Use a soft but firm and clear tone of voice.
- Give customers enough personal space.